国学大讲堂

齐家之道

申圣云 编著

中国言实出版社

图书在版编目(CIP)数据

齐家之道 / 申圣云编著. 一北京：中国言实出版社，
2016.3

  ISBN 978-7-5171-1841-1

Ⅰ. ①齐… Ⅱ. ①申… Ⅲ. ①家庭道德－中国－古代
Ⅳ. ①B823.1

中国版本图书馆 CIP 数据核字(2016)第 070683 号

出 品 人：王昕朋
责任编辑：周汉飞
文字编辑：江　北
美术编辑：杨　光

出版发行　**中国言实出版社**
　　地　　址：北京市朝阳区北苑路 180 号加利大厦 5 号楼 105 室
　　邮　　编：100101
　　编辑部：北京市海淀区北太平庄路甲 1 号
　　邮　　编：100088
　　电　　话：64924853(总编室)　64924716(发行部)
　　网　　址：www. zgyscbs. cn
　　E-mail：zgyscbs@263. net
经　　销　新华书店
印　　刷　北京永顺兴望印刷厂
版　　次　2016 年 5 月第 1 版　　2016 年 5 月第 1 次印刷
规　　格　710 毫米×1000 毫米　　1/16　　18 印张
字　　数　275 千字
定　　价　58.00 元　　　　ISBN 978-7-5171-1841-1

前　言

　　国学是中华民族优秀传统文化，是数千年来中国人思维方式、行为方式、生活方式的高度概括。广义的国学，即胡适先生所说"中国的一切过去的历史文化"，包括思想学术、文学艺术、数术方技等各个方面。狭义的国学，则集中体现在我国传统图书分类的"经、史、子、集"四大部类中。

　　如果将国学比作一座文化大厦，其中经部代表的儒家思想是大厦的钢筋结构，史部所记载的文明进程是大厦的水泥浇筑，二者共同构成了国学的主体部分；子部的百家思想，则是大厦的门窗，可以让室内空气流通、充满生机；集部中的各类文集就是大厦里的装潢、家具、内饰等，丰富多彩。

　　人们初次走进一座大厦，往往先被大厦中的装潢、家具、内饰所吸引，就如同人们对国学感兴趣，往往是从集部中的诗词曲赋、小说散文开始的。故此，要想全面深入地了解国学、学习国学，就必须去解读这座文化大厦的整体结构，必须从对集部的喜爱，发展到对经、史、子、集各部的研读。

　　中华文明绵延五千年，国学经典浩如烟海，蕴涵着丰富的精神资源，比如大同世界的伟大理想，兼善天下的济世情怀，民贵君轻的理政思维，无为而治的治国方略，仁慈兼爱的博大胸襟，先忧后乐的爱国精神，忠恕孝悌的人际准则，崇礼尚义的道德风尚，执两用中的中庸法则，天人合一的生态观念，日日精进的治学精神，有教无类的教育理念……这些精神资源，是中华文明萌发壮大的文化基因，也是中华民族自强不息、厚德载物的精神滋养。

继承和弘扬优秀的传统文化对于实现民族伟大复兴的中国梦有着重要的战略意义。2013年8月，习近平总书记在全国宣传思想工作会议上指出："中华优秀传统文化是中华民族的突出优势，是我们最深厚的文化软实力。"提高国家文化软实力，不仅是我国文化建设的一个战略重点，也是我国建设和谐世界战略思想的重要组成部分，更是实现中华民族伟大复兴的重要前提。

对于广大党员干部来说，积极汲取传统文化中的思想精华，能够开阔胸襟、改进方法、增强智慧，提升思维层次和领导水平，提高为人民服务的本领和能力，从而更好地担负起执政使命，带领人民群众不断推进改革开放和社会主义现代化建设事业，进而实现中华民族的伟大复兴。

为了帮助广大党员干部阅读、理解、掌握国学经典中的智慧，我们出版了"国学大讲堂"系列图书，包括《修身之道》《齐家之道》《治国之道》《处世之道》《用人之道》《谋略之道》，从不同的角度分析并总结出传统文化中的思想精髓，同时大量引用古今经典案例，贴近广大党员干部的工作、学习和生活，以增强可读性和实用性。希望"国学大讲堂"系列图书能够为党员干部提供治国理政的参考和修养的镜鉴。

由于编者水平有限，书中偏颇、错讹之处在所难免，敬请广大读者批评指正！

编　者

目 录

CONTENTS

第一章 训 诫

良好的家教是良好家风的前提，古代很多"家训"和"戒条"都值得我们学习和借鉴。家教第一课就是要教育家庭成员知法、守法，正身、修身，同时也不能对自己的道德修养有所懈怠，要勤俭仁孝，善学重教。

第二章　教　养

身边人的教养由党员干部的行为决定，党员干部应对身边人约束到位，使他们谦恭有志，知足守礼。同时，领导干部必须遵循基本的回避原则和廉政要求，遵守国家法律和党内纪律，真正实现小我与大我的相得益彰。

第三章　赡　亲

孝敬父母、尊敬长辈是做人最基本的要求，考察党员干部是否尊老敬老，是非常必要且切实可行的，可以用作评判其是否有"德"的标准。另外，对于党员干部来说，"忠孝"不是忠于某一个人、孝于某一个人，而是为国家尽忠、为民族尽孝。

第四章　夫　妻

　　领导干部要管好自己的配偶和子女等身边人,认真而自觉地履行应尽的义务,正确使用权力,因为领导干部手中的权力是人民赋予的,只能用来为人民谋利益,绝不能把它当作自己和家庭成员牟取私利的手段。

第五章　友　悌

　　党员干部应该发扬密切联系群众的优良传统,大力弘扬团结友爱的精神,尊重人民群众,热爱人民群众,善于帮助人民群众解决困难,尤其要从身边人做起,从身边小事做起,兄友弟恭,互帮互助。

第六章　修　德

　　"德"是驾驭和行使权力的基础,也是权力得以实现的基础,更是党员干部最基本的从政底线。有德才有权,党员干部无论是在自我修养还是在治家治国方面,都应以身作则、以德服人。

第七章　交　友

　　交友并非小事,党员干部交友尤其要慎重,这是对党员干部人格和党性的考验。党员干部时刻面临着各种考验,必须自觉地审视自己的社交圈,有原则地与人交往,防患于未然,永葆共产党人的政治本色和浩然正气。

第八章　处　世

　　"人不以规矩则废",党员干部除了要规范自己的行为举止,还必须对身边的亲朋好友和工作人员等给予一定的约束和引导,使其走上为人处世的正确道路,防止其利用党员干部的权力和身份牟取非法利益。

第九章 家 计

家庭和谐是社会和谐的基础，党员干部应该经营好自己的小家，进而塑造优良的党风、政风，引领良好的社会风气。党员干部对于家庭的经营要三思而行，谨慎为之，勤俭轻利，彰显正能量，自觉践行社会主义核心价值观。

第十章 风 气

党员干部要坚持立党为公、为民服务的执政理念，在大处要守得住，小事上不轻忽，既要自己做得好，又要对家属、下属等身边人严格要求，从树立正确的价值观开始，净化身边环境，做到风清气正。

第一章 训 诫

　　家庭教育最重要的一点就在于施以教化，让高尚的道德品质成为家庭成员成长过程中的重要原则。中华民族很多优良的"家训"和"戒条"都值得我们学习和借鉴。从某种意义上来说，最基本的道德底线实际上也就是法律底线，所以家教第一课就是要教育家庭成员知法、守法，正身、修身。在遵守社会道德的同时，也不能对个人的道德修养有所懈怠，要勤俭仁孝，善学重教。良好的家训是良好家风的前提，也是良好社会风气的前提，所以，每个党员干部都应该从"训家"开始，管好身边人。

◎**守法**——人能胜乎天者，法也

◎**勤俭**——俭以养德

◎**重教**——盛年不重来

◎**廉耻**——廉不蔽恶，耻不从枉

◎**仁孝**——百善孝为先

◎**宽厚**——宽则得众

◎**修睦**——和为贵

◎**正身**——其身正，不令而行

守法——人能胜乎天者，法也

"人能胜乎天者，法也。法大行，则是为公是，非为公非，天下之人蹈道必赏，违之必罚。"出自刘禹锡的《天论上》，意思是，人为什么能胜过天呢？那是因为人遵循规律、法律。施行法律，为的是整个社会的秩序，而不是为了私利，遵循法律就有奖励，违法者必然是要受惩罚的。

治理国家必须遵循法治。墨子说："天下从事者，不可以无法仪，无法仪而其事能成者，无有也。"掌管天下如果不依法，天下就会大乱；反之，如果墨守成规，就会跟不上社会发展。

东汉光武帝在位时，都城洛阳是个烫手山芋，因为在洛阳居住的要么是皇亲国戚，要么是建国功臣，无不权大势大、骄横跋扈，历任洛阳令都不敢管洛阳城的治安。百般无奈之下，光武帝只好任命已经年近古稀、执法不阿的董宣担任洛阳令。

董宣上任后遇到的第一件事，就是处理湖阳公主家奴杀人的案子。湖

国学名句集锦

独立不迁，岂不可喜兮？深固难徙，廓其无求兮。苏世独立，横而不流兮。闭心自慎，终不失过兮。秉德无私，参天地兮。

——《楚辞·九章·橘颂》

阳公主是皇帝的姐姐，平时就在洛阳城里作威作福，横行霸道。她的家奴杀了人就躲在公主府里，董宣不能冒犯公主，只能派人日夜守候在公主府周围，等待抓捕时机。过了不久，湖阳公主以为董宣已经放弃追查，便带着家奴出门。董宣得到消息后，立即赶来拦住了湖阳公主的去路，捉拿杀人犯，并将此案秉公处理。湖阳公主感觉遭到了羞辱，丢了面子，急忙进宫告状，一定要光武帝替自己出气。

光武帝被公主闹得头疼，便召来董宣责问。董宣诚恳地说："托陛下洪福，汉室再次出现兴盛的局面。没想到陛下今天却听信谗言，放任皇亲的恶奴滥杀无辜，鱼肉百姓！我想让大汉长治久安，却要落个不得好死的下场。陛下说要用法律来治理国家，现在皇亲国戚纵奴杀人，陛下不加管教，却将执法的大臣治罪，这法律还有什么用？大汉百姓怎样才能治理好？要我死还不简单，用不着动刑，我自己来就是了。"董宣说完便一头撞在柱子上，晕了过去。

光武帝知道是自己错怪了董宣，但是还要给自己姐姐一个交代，所以当董宣醒了以后，他就跟董宣承认了错误，并希望董宣能主动去给湖阳公主赔个不是，给自己这个皇帝一个面子。董宣偏偏不肯，他认为错就是错，对就是对，他没有犯错就不能道歉。刘秀就让人按着董宣的头，给公主磕头道歉。董宣双手撑地，挺着脖子，就是不肯低头。刘秀很赞赏他，还给了他"强项令"的称号。这件事平息以后，光武帝更加肯定董宣的正直和执法严明。此事在洛阳传开了，连湖阳公主都吃了这样的亏，再也没有豪强敢随意乱来，洛阳的治安渐渐好了起来。

由光武帝这件家事我们可以看出，国与家是分不开的，领导干部的家事处理不好就会影响到国家利益。刘少奇曾特别开过家庭会议，为的就是

国学名句集锦

爱敬尽于事亲，而德教加于百姓，刑于四海。

——《孝经·天子》

解决亲戚找他办私事的问题。

刘少奇当了国家主席后，他的亲戚们就以为刘少奇现在是大官了，有什么事情都可以找他帮忙，于是他们通过各种方式提要求，有的要东西，有的要职位。1959年的国庆节，刘少奇亲自召开了一次特殊的家庭会议，参加此次会议的人员有他的妻子王光美、他的孩子，还有几位远道而来的亲戚。

刘少奇看人都到齐了，说："你们以为我当了国家主席，给你们一点方便，给你们搞点东西很容易，但我和你们的看法不一致。这就是个矛盾。有了矛盾就要正确处理，所以找你们来开个会。"

刘少奇非常严肃地说："现在解放了，在农村当农民的也好，当工人的也好，生活都比过去好多了。当然，完全的平等合理，现在还做不到。你们在农村的想进城，希望我帮忙。不错，我是国家主席，硬着头皮给你们办这些事，也不是办不成。可是不行啊！我是国家主席不假，但我身为共产党员，不能不讲原则，不能随便行使自己的职权。"

屋里鸦雀无声，没人敢插嘴。刘少奇站起身来，来回走了几步，缓和了一下情绪，面色也温和了许多，说："现在生活比过去好多了，可是国家还不富裕，还有许多困难。我们大家都要好好工作，建设好这个国家，不能因为你们是国家主席的亲戚，就可以搞特殊，就可以不好好工作随随便便。"

最后，刘少奇意味深长地说："在你们看来，帮助安排个工作，那是我一句话就可以办到的事。但是，这一句话我不说，也不能说。我们不能乱用党和国家与人民给予的权力，不能搞特殊。你们现在已经可以吃饱了，穿暖了，就应该好好为国家工作，要为国家争气。"

国学名句集锦

仁之法在爱人，不在爱我；义之法在正我，不在正人。

——西汉·董仲舒《春秋繁露·仁义法》

刘少奇说的话，虽然没那么强硬，但他的观点是明确的，态度是坚决的，对家人起到了很大的教育作用。在场的亲戚和家人心悦诚服，纷纷表示同意刘少奇的意见。从此以后，刘少奇家里的亲戚再没有人请求他办自己的私事了。

由此可见，作为一个领导者，首先他要做到的事情是自觉守法，这样才能管理好国家。"管好身边人"是党员干部必须遵守的国家规定，也应该是严格自我要求的重要准则。这需要各级党员干部主动约束身边的亲朋好友，接受群众的公开监督，"管好身边人"是干部老实做人、干净做事的必要条件，也是纠正社会风气的灵丹妙药。

国学名句集锦

礼无不敬，法无不肃。

——《三国演义》

勤俭——俭以养德

> "君子之行，静以修身，俭以养德。"出自诸葛亮的
> 《诫子书》。意思是，有道德有修养的人，他们会通过静思
> 来修行自身，以俭朴节约来培养自己高尚的品德。

清朝名臣曾国藩，因学识渊博，被人评价为"立德、立功、立言三不朽，为师、为相、为将一完人"。曾国藩身为高官，生活奢华一点大家也能理解，然而他却是个出名的节俭典范。曾国藩说："居家之道，惟崇俭可以长久，处乱世尤以戒奢侈为要义。衣服不宜多制，尤不宜大镶大缘，过于绚烂。尔教导诸妹，教听父训，自有可久之理。"在曾国藩的思想里，勤俭是每个家庭成员都必须具备的品质，并且无论是穿衣吃饭还是日常琐事，每一个细节都要讲究勤俭。

曾国藩写家书给大儿子曾纪泽时也曾表示："世家子弟最易犯一奢字、傲字。不必锦衣玉食而后谓之奢也，但使皮袍呢褂，俯拾即是，舆马仆从，习惯为常，此即日趋于奢矣。""凡世家子弟，衣食起居无一不与寒士

国学名句集锦

奢侈之费，甚于天灾。

——《晋书·傅玄传》

相同，庶几可以成大器。若沾染富贵气习，则难望有成。"意思是说，富家子弟和官宦子弟应该勤俭自律，在物质上应该跟普通人一样，这样将来才有可能成才。如果沾染了一身奢侈的习气，是不能成才的。

曾国藩虽位居高位，但所有衣物相加不值三百金。寿辰将至，亲朋想要为他举办祝寿宴会，曾国藩却拒绝了，他说："生日在即，万不可宴客称庆。此间谋送礼者，余已力辞之矣；弟在营亦宜婉辞而严却之。至嘱至嘱。家门大盛，常存日慎一日而恐其不终之念，或可自保。"曾国藩还跟自己的家人说："望弟子'俭'字加一番工夫，用一番苦心做不特家常用度宜俭，即修造公费，周济人情，亦须有一俭字的意思。总之爱惜物力，不失寒士之家风而已。莫怕寒村二字，莫怕悭吝二字，莫贪大方二字，莫贪豪爽二字。"

曾国藩身居将相之高位，不仅有丰厚的俸禄，在平时的行军打仗中也有不少捞好处的机会，但曾国藩却一直保持勤俭的家风，从不以职位的便利占公家的便宜。

"俭以养德"几乎是每一个时代、每一个伟人都倡导的优良品质。越品德高尚、意志坚定的人，越不会铺张浪费。为党和国家建立了丰功伟业的革命先烈，平时在家中，他们仍然以身作则，用自己的行言亲自教授，以勤俭持家。朱德的孙子朱和平提到，这些老革命家平时生活都有一个共同点，那就是家风勤俭，不提倡奢华，生活跟普通人一样，并且严格要求自己的子孙后代。朱和平说："除了勤俭朴素，小时候印象最深的就是要求我们不搞特殊化。""老百姓怎么样，我们也怎么样，要跟群众打成一片。"

国学名句集锦

历览前贤国与家，成由勤俭破由奢。

——唐·李商隐《咏史》

王任重的儿子王涌晖记得最清楚的，是小时候穿哥哥姐姐的旧衣服。"不光是穿哥哥的旧衣服，姐姐的旧衣服也要穿。"他回忆说，"原因主要有两个，一是当时经济困难，二是有艰苦朴素的家风，到后来也就习惯了穿旧衣服。""对国家和人民做出的贡献，是老一辈革命家的，与我们无关。"王涌晖认真地说："我们从小受到的教育就是，不搞特殊化，要认真学习，报效国家。"

革命先烈居功不自傲，对自己的子孙后代也严格教育，这种勤俭习惯是从小养成的，受家庭教育影响的，每一个人都应当及早重视起来。杨子江回忆自己的爷爷杨成武将军时说，杨将军"对家庭的影响体现在每一个细节，比如重节约、不浪费""电池要完全用完电才能撤换、碗里不能有剩下的米粒"等等，杨将军对子女的要求"跟普通家庭差不多"，无论是做人还是做事"都要讲原则、讲诚信"。

"父亲是一个很传统的人，家庭观念非常强，要求我们有好吃的东西必须拿回家里分享。"杨成武的二儿子杨东明将军回忆说，"再就是要求我们养成良好的生活习惯，不抽烟、不喝酒。"

党员干部带头节约，这是我党一贯的优良传统。近年来，浪费的风气屡禁不止。针对这一现象，2013年1月，习近平在《网民呼吁遏制餐饮环节"舌尖上的浪费"》的材料中作出重要批示：餐饮环节上的浪费现象触目惊心。广大干部群众对餐饮浪费等各种浪费行为特别是公款浪费行为反映强烈。联想到我国还有为数众多的困难群众，各种浪费现象的严重存在令人十分痛心。

国学名句集锦

俭为贤德，不可着意求贤；贫是美称，只是难居其美。

——明·陈继儒《小窗幽记》

浪费之风务必狠刹，要加大宣传引导力度，大力弘扬中华民族勤俭节约的优秀传统，大力宣传"节约光荣、浪费可耻"的思想观念，努力使厉行节约、反对浪费在全社会蔚然成风。各级党政军机关、事业单位，各人民团体、国有企业，各级领导干部都要率先垂范，严格执行公务接待制度，严格落实各项节约措施，坚决杜绝公款浪费现象。各级领导干部要采取针对性、操作性、指导性强的举措，加强监督检查，鼓励节约，整治浪费行为。

国学名句集锦

自奉必须俭约，宴客切勿流连。

——《治家格言》

重教——盛年不重来

陶渊明在《杂诗·其一》中说："盛年不重来，一日难再晨。及时当勉励，岁月不待人。"意思是说，美好的年华是不可以重来的，每天的清晨只有一个，我们应当趁年华正好及时勉励自己，好好学习，时光是不等人的。

家庭教育影响人的一生，这种教育是从母亲肚子里就开始的，也就是"胎教"。早在先秦时期，周文王的母亲怀孕的时候，就重视胎教，有史料记载她"目不视恶色，耳不听淫声，口不出傲言"，文王母亲不会去看一些不好的东西，不去听一些不好的声音，不去说一些不好的话。因为母亲就是这样一位注重言传身教的榜样，所以她生出的孩子将来也会是品质高尚的人。孩子降世之后，不要以为他年幼就什么都不懂，实际上，父母的言行举止孩子都在效仿。因此，古人非常重视教育，很多人从孩童时代开始，就已经接受了非常严格的教育。

"亚圣"孟子小的时候不爱学习，而且经常逃学。有一次孟子逃学回家的时候，他的母亲正在忙着织布，见他没到放学时间就回来了，便知道

国学名句集锦

古者易子而教之，父子之间不责善。责善则离。离则不祥莫大焉。

——《孟子·离娄上》

这是逃学了。孟母非常生气，但是没有对孟子动粗，而是用刀把织布机上的布匹割断了。

孟子虽然顽皮，但是非常孝顺，便赶紧跪下来问母亲这样做的原因。孟母严肃地告诉他："母亲织布就是为了供你读书，如果你不愿意读书，我还织布做什么呢？"孟子惭愧地低下了头，孟母接着说："读书就像是织布，要持之以恒，不能只看一朝一夕。如果你读书半途而废，那就跟这匹织了一半的布一样，难成大器。"孟母说的道理让孟子如醍醐灌顶，醒悟过来。从此，孟子专心学习，终于成为万世景仰的"亚圣"。

欧阳修是北宋年间的政治家和文学家，是"唐宋八大家"之一，与韩愈、苏轼和柳宗元一同被后人称为"千古文章四大家"。欧阳修幼时家境贫寒，四岁丧父。为了教他识字，他的母亲就用荻秆在地上写字教他。欧阳修勤奋好学，又拜了名师，所以他的文章后来名满天下。不但欧阳修有学识，他的长子欧阳发，受父亲严谨求实的学风影响，也从小好学，成为颇有名气的文学家。

由以上例子可知，重视家庭教育对于孩子的成长非常重要。这种"重教"不仅是父母与孩子之间的教导，还有夫妻之间的影响。如于若木，在家庭生活中就受丈夫陈云的很大影响。于若木和陈云结婚是在1938年初，刚结婚的时候，陈云曾经连续给她讲了三个晚上的党史，讲到大革命失败后盲动主义给党造成的损失，讲到向忠发、顾顺章叛变后对党中央的威胁，讲到中央苏区第五次反围剿失败后毛泽东对党和红军的挽救等等。这件事情后来广为人知，在当时被传为一段佳话。

在陈云家里，生活的主旋律就是学习。在陈云的二女儿陈伟华的记忆里，"文革"期间因为"战备疏散"，陈云被下放到一家机械厂"蹲点"。尽管条件艰苦，陈云还是带去了很多书。他临行前对家人说，他要趁这段

国学名句集锦

上智不教而成，下愚虽教无益，中庸之人，不教不知也。

——《颜氏家训·教子》

时间好好地学习马克思、列宁和毛泽东的著作。

"在江西时，我们几个孩子都去看过他，他跟我们谈的全是读书的问题，他让我读《共产党宣言》，读马列著作，还教我学习方法。"陈伟华说。1973 年 8 月，陈云回到北京，给正在当农村小学教师的女儿寄了一封信。

"他在信上告诉我，他邀请在京的一些家庭成员，如我的母亲和我的小姨、姐姐、妹妹等人组织一个家庭学习小组，并希望我也参加。"陈伟华说："首先学的著作是毛主席的《实践论》，学习方法是每人分头阅读，然后每星期天用上午 6 点半到 9 点半的时间集中在一起讨论，提出疑问，交流学习心得。父亲在信中还交代了第一次要学的页码，并嘱咐我，先通看一遍，然后再看哪几页，对哪几页必须细读。凡遇有一点疑问都记下，到集中学习时提出讨论。"

据陈云的大女儿陈伟力回忆，父女二人曾争论过一个关于"汇率"的问题，很久也没有结果。后来陈云回到北京，特地请了中国人民银行副行长到家中，请教这个关于汇率的问题。因为陈云的"重教"和持之以恒的"劝学"，他的家人深受感染，他的子女们也坚持认真好学的习惯，长大后都成为了对国家有用的人才。

从老一辈革命家的身上，我们看到了"活到老，学到老"这句话的深刻内涵。这也教育党员干部，无论什么时候都不能忘了学习和教育，尤其是对于下一代人的教育，应当激励子弟们趁着年华正好，持之以恒，磨砺意志，做一个对国家和社会有用的人才。

国学名句集锦

夫民，衣食不足则不暇治礼义，而饱暖无教，则又近于禽兽。

——南宋·朱熹《四书集注·孟子·梁惠王上》

廉耻——廉不蔽恶，耻不从枉

《管子·牧民》中说："国有四维，一维绝则倾，二维绝则危，三维绝则覆，四维绝则灭。何谓四维？一曰礼，二曰义，三曰廉，四曰耻。礼不逾节，义不自进，廉不蔽恶，耻不从枉。故不逾节则上位安，不自进则民无巧诈，不蔽恶则行自全，不从枉则邪事不生。""廉"就是诚实地不去隐瞒自身的缺点和错误，即廉洁方正；"耻"就是不做不正派的事，不跟不正派的人为伍，即知羞耻。

古人的道德准绳是"礼义廉耻"：用"礼"来区分尊卑贵贱，用"义"衡量胸襟，用"廉"考验是否廉洁方正，用"耻"提示人们要有知耻之心。"礼义廉耻"四者中，"耻"是最重要的，所以孟子说："人不可以无耻。无耻之耻，无耻矣。"孟子又说："耻之于人大矣！为机变之巧者，无所用耻焉。"人之所以不廉洁，导致失了礼义，追究其根源是因为不知"耻"。而一旦官员不知廉耻，那就是"国耻"。

春秋战国时期，有个叫曹商的人被宋国国君派去出使秦国。出发之

国学名句集锦

志士不饮盗泉之水，廉者不受嗟来之食。

——《礼记·檀弓下》

前，国君赏赐给他几辆马车代步。曹商见到秦王后，溜须拍马，哄得秦王十分高兴，赏给他一百辆马车。得意的曹商便带着这一百辆马车，风光地回到了宋国。

回到宋国后，曹商对庄子炫耀："你在这样简陋的地方生活，靠的是编草鞋。我啊，比不上你能吃苦，但是我能获得国君赏识，能得到一百辆马车的赏赐，可见你跟我比还差得太远。"

庄子听了这些话没有生气，他笑了笑，说："听闻秦王得病，面向全国求医。凡是能治好秦王痔疮的人，都会得到一辆马车的赏赐，如果不能治疗，但是能给秦王舐吮痔疮消炎的人，能得到五辆马车的赏赐。为了治疗秦王的病，牺牲越大的人得到的赏赐越多。而你现在竟然有一百辆马车的赏赐，难以想象你是怎么给秦王治病的！"

庄子很巧妙地讽刺了曹商。曹商为了个人利益不择手段，不知廉耻，这不但是他个人的耻辱，因为他的身份是宋国的使者，所以这种毫无尊严的行为更是宋国的耻辱。

汉朝有一个叫缪彤的人，在兄弟四人中排行老大。很小的时候，他的父亲就去世了。随着年纪渐长，兄弟们都娶了媳妇，有了自己的小心思，过集体生活都怕自己家吃亏，所以纷纷提出要求，想要分家单过，家产必须平分。不过，缪彤这个大哥总是不同意，于是弟弟和弟媳们就经常吵闹。这天弟弟、弟媳们又吵闹了起来，言语之间的火药味越来越大，缪彤看见这样的情形很难过，关上门，自己一边打自己一边说："缪彤啊缪彤，枉你勤奋刻苦学习，谨言慎行做人，认认真真聆听圣人教诲，可是连家里这点事都处理不好！你将来还有什么面目见九泉之下的父母呢？"弟弟和弟媳在外面听见，自觉有愧，就隔着门板在外面向缪彤叩头谢罪。缪彤这才开门，一家人重归于好。经此一事，他们再也没有提分家的事，关系也

国学名句集锦

知耻近乎勇。

——《礼记·中庸》

越来越融洽。

2014年5月4日，习近平在北京大学师生座谈会上讲话时提到："国有四维，礼义廉耻，'四维不张，国乃灭亡'。"每一个人都是社会的一分子，尤其是党员和国家干部，要以身作则，实践社会主义核心价值观，充分认识到"礼义廉耻"是关键的行事标准，"识礼义、知廉耻"是最基本的做人准则。

党员干部要知耻、守廉。王岐山指出，我们的党风廉政建设、反腐败斗争永远不能停止。党中央的态度要鲜明，党员干部的意志要顽强、立场要坚定，领导措施要坚强有力，在现阶段的廉政建设、反腐败斗争中取得的新成绩提升了全党的信心，大大增强了党在群众心中的威信，人民群众对党的信任和拥护就是最好的回报。各级领导干部要时刻保持高压状态，从上到下都要坚决遏制腐败的蔓延，治标更要治本，而且力度要不断加大，逐渐形成不敢腐败、不能腐败、不想腐败的思想壁垒。王岐山指示，新的蓝图已经绘就出来，关键在于如何落实，还是那句老话："打铁还需自身硬。"

党员干部首先要懂得廉耻，知道背离人民是一种"羞耻"，知道"党员干部"这四个字不仅仅是个人荣誉，而是职务、是责任，也是担当，只有这样才能重新审视自己的工作态度和工作状态。身为党员干部，不仅要干干净净做人，更要兢兢业业为党和人民工作。身为党员干部，要对党纪国法心存敬畏，对人民心存感恩，坚决抵制一切违法违规行为，做遵纪守法，廉洁为公的表率。

国学名句集锦

性也者，所受于天也，非择取而为之也。豪士之自好者，其不可漫以污也，亦犹此也。

——《吕氏春秋·诚廉》

仁孝——百善孝为先

《孝经》说："教民亲爱，莫善于孝。"通俗理解就是所谓的"百善孝为先"，孝心一开，百善皆开。

　　宋朝的朱寿昌七岁的时候，生母刘氏因遭父亲正妻所嫉，被逼无奈改嫁他人，因此五十年母子无法见面。神宗时，朱寿昌已经在朝为官，功成名就之后，想到了多年未见的母亲。为了在生母面前尽孝，朱寿昌刺血誊抄《金刚经》，四处打听生母的下落。皇天不负有心人，他终于得到了母亲在陕西的线索，决心辞官亲自寻找母亲，并发誓见不到母亲就永远不回来。最终，朱寿昌找到了生母和两个弟弟。母子重聚，一起返回京城，此时他的生母已经年近古稀。

　　《孔子家语·致思》中记载了这样一个故事：子路是孔子门下的得意门生，他性情勇敢直率，谦恭孝顺，小时候家中贫困，自己经常以野菜为食，却从百里之外背着米粮回家侍奉双亲。父母去世后，子路做了大官，奉命出使楚国，随行的车马有一百辆之多，所带的粮食也非常多。当子路坐在堆叠了几层的锦褥之上，吃着丰盛的饭菜时，想起已逝的父母，感叹

国学名句集锦

　　身体发肤，受之父母，不敢毁伤，孝之始也。立身行道，扬名于后世，以显父母，孝之终也。夫孝，始于事亲，中于事君，终于立身。

——《孝经·开宗明义》

说："即使我现在想要再吃野菜，为了父母从百里外背来米粮，也已经不再有这样的机会了。"孔子听说后赞扬他说："你对父母的孝心，是生前尽力，死后不忘，将父母的恩情牢记在心啊！"所以，有作为的人必定是有善心的，而善心则是以孝心为首。

在中国传统的经典故事和书籍当中，经常把仁孝放在第一位。《弟子规》一书中开篇就是："弟子规，圣人训。首孝悌，次谨信。"摆在最前面的就是孝。老辈人常说"先做人，后做官""事亲行孝"，"孝"向来是做人做事的根本，是人的立足之本，不但是中华民族的传统美德，也是党员干部实践的宗旨和为民执政的必要道德基础。孝顺与否，可以衡量一个人最基本的道德品质。父亲母亲对孩子既有生育之恩，又有养育之情，更有教育子女的责任，这么大的恩情，如果孩子不孝敬自己的父母，更何谈热爱社会、热爱民族、热爱国家？

领导干部也是这样，如果连父母都不愿意孝敬，他怎么可能把群众当亲人，为群众尽心尽力地服务呢？俗话讲，百姓是官员的衣食父母，那我们就应该像对父母一样的孝敬，来等同地对待老百姓。这就要求各级领导干部，必须全心全意为人民服务，用自己对父母的那份孝心，培养起对人民群众的爱心，这才是作为领导干部必须有的大德、公德。

国学名句集锦

父母之年，不可不知也，一则以喜，一则以惧。

——《论语·里仁》

宽厚——宽则得众

《论语·阳货》中有："恭则不侮，宽则得众，信则人任焉，敏则有功，惠则足以使人。"这句话告诉我们，一个人要想得到别人的尊重，那就必须先学会尊重别人。对别人谦恭宽厚，举止得体，才能赢得别人的尊重。

晋朝南安有个人叫朱冲，从小品行非常好，还很爱学习。朱冲喜欢清静的环境，对自身的欲望非常克制。有一天，朱冲一个邻居家的牛不见了，邻居认为朱冲家的那头牛就是自己家丢的那头，气冲冲地就把朱冲家的牛牵回了自己家。后来没多久，邻居在树林中发现了自己家丢失的牛，因此感到惭愧，想要把牛还给朱冲，但朱冲却推辞，并不接受。

村里一户人家，为了占便宜，故意让自家牛去吃朱冲家种的庄稼，但朱冲每次都自己割草喂牛，然后再把牛牵着送回去，脸上没有一点怨恨。这户人家感到非常惭愧，再也不好意思做以前那种不好的事。这就是朱冲以德服人的力量。

朱冲的淡泊名利、宽厚待人，为他赢得了好名声，并声名远扬，朝廷

国学名句集锦

地势坤，君子以厚德载物。

——《周易》

曾多次下令召其为官，但他都婉言拒绝。朱冲住的村子靠近少数民族地区，民风剽悍，但因为朱冲的德行过人，使得少数民族的人大都对他非常敬仰和尊重，朱冲也耐心用"礼让"教化他们。朱冲的这种德行和教化渐渐遍及乡里，《晋书》中描述其居住的村子："路不拾遗，村无凶人，毒虫猛兽皆不为害。"

明朝人王璟早年的时候，夜里在书房读书，有仇家用枪隔着窗刺杀他。王璟及时躲开了，没有被刺中。那个刺客没有得手，又觉得自己是在夜里做事，不会有人看见他的脸，转身扬长而去。实际上，王璟站在屋里，借着外面的月光，已经看见这个人的真面目，但王璟却三十多年从未与任何人讲起。

到后来，王璟做了朝廷的大官。那个刺客不小心被人诬陷，马上就要大难临头，急忙向王璟求救。王璟知道后立即答应，并为他主持公道，让他免于死罪。后来那人登门要送他厚礼以作报答，被王璟当面谢绝了，王璟笑着说："那天晚上你要是把我杀死了，现在可就没人来救你了，所以以后好好做人，不要太冲动。"那人闻言感动得涕泗横流，向王璟谢罪后才离开。

古人说："人之立身，所贵者惟在德行，何必要论富贵？"意思是说，做人最难能可贵的就是有德行，而不需要比较富贵与否。在习仲勋 88 岁寿宴上，作为儿子的习近平在写给父亲的拜寿信中说，要从父亲这里学习的高尚品质很多：一是做人，二是做事，三是对信仰的执着与追求，四是赤子情怀，五是俭朴生活。这封信的字里行间都能体现出良好的家风，还有习仲勋宽厚的为人。

何为宽厚？在现代汉语词典中可以找到这样的解释：（待人）宽容厚道。宽容是"宽大有气量，不计较或追究"，厚道是"待人诚恳，能宽容，

国学名句集锦

曾子曰："十目所视，十手所指，其严乎。"富润屋，德润身。心广，体胖。故君子必诚其意。

——《礼记·大学》

不刻薄"。综合以上这些解释，"宽厚"就是一种高尚品德和个人素养，再具体来说就是胸襟宽阔，胸怀坦荡，诚实正直，宽仁厚道，懂得自律，善待别人。

我们讲的宽厚，并不是无原则的，不是一味迁就和姑息，更不能发展成为对丑恶的漠视。如果这样，就不是真正的宽厚，而是"烂好人""和稀泥"，是很不负责任的。党员干部对于"宽厚"的正确理解应该是"遵守原则""遵守纪律""遵守道德"，这三条是"宽厚"永远不变的主要内容；"严格要求""仗义执言""疾恶如仇""从严管理"，这些是"宽厚"所提倡的美德和操守。

集体就像是一个大家庭，在追求和谐的今天，这个大家庭中的每个人都应该与人为善，宽以待人。正如刘备所说的，"勿以恶小而为之，勿以善小而不为"。陌生人有难，伸出援手鼎力相助，这是小善；国家民族危难之际，为救国救民而赴汤蹈火，甚至舍生取义，这就是大善。但是，不管是助人的小善还是救国的大善，都应该是党员干部要去身体力行的。

只有党员干部们心存宽厚，并且始终坚持原则，才能给人留下足够的空间和必要的改过机会，做到严肃又不失柔和，设身处地为老百姓着想，从而得到群众的理解和认同。

国学名句集锦

父子和而家不败，兄弟和而家不分，乡党和而争讼息。

——《增广贤文》

修睦——和为贵

"礼之用，和为贵。"出自《论语·学而》。意思是说，礼的作用，贵在能够和顺。之所以按照礼仪来为人处世，就是希望人和人的关系能够融洽，所有的矛盾都能够得到适当的调解。"和为贵"是儒家一直倡导的道德实践标准。

在孔子看来，被载入史册的明君圣主，在处理人和人的关系方面，都能够把握到最关键的地方，也就是能使人根据礼仪的要求规范自己的行为举止，达到"和谐"。《礼记》中说："选贤与能，讲信修睦。"用今天的话来说，就是人与人、国与国，要讲究的是信用，谋求的是和睦。我们党选拔出来的人才，也要以此为目的执政、行事。

清朝康熙年间，安徽省桐城县发生了一件奇事。当朝宰相张英老家的管家与邻居叶秀才发生争执，为了墙基争地界这件小事，竟然还打起了官司。

事情起因是这样的，张英老家要盖新房，地界紧靠着叶家的墙。叶秀才便提出，要张家在中间留出一条路，方便出入。张家不肯，因为他家的

<hr>

国学名句集锦

夫建大功于天下者，必先修于闺门之内；垂大名于万世者，必先行之于纤微之事。

——西汉·陆贾《新语·慎微》

地契上清清楚楚地写着地界"至叶姓墙"，按地契来修墙盖房子没有什么不对的。就算是要在中间留一条路，那也该两家各退一步才行。

此时的张英在北京做官，老家盖房子的事情具体由老管家执行。于是管家就沿着叶家的墙根砌起新墙。没想到，这个叶秀才也是个倔脾气，觉得这口气不能就这么咽下去，于是自己动笔，写了一纸状文，直接将张家告到了县衙。

老管家看事情一下子闹大了，赶紧写了封信，将事情原原本本地告诉了张英。不久，管家收到了张英的回信，里面是四句诗："千里修书只为墙，让他三尺又何妨？长城万里今犹在，不见当年秦始皇。"

老管家看了信，当即明白了主人的意思，马上来到叶家，跟叶秀才道歉，说自己准备明天拆墙，让出三尺路。叶秀才还以为这是管家在戏弄他，压根不相信。管家就当着叶秀才的面把张英的信拿给叶秀才看。看了这首诗之后，叶秀才很动容。第二天一大早，张家就开始拆墙，让出三尺地方。叶秀才见状也同样拆了自家的墙后退三尺。因此张、叶两家中间就有了一条六尺宽的巷子，这条巷子就被人们称为"六尺巷"。这段故事广为流传，成为一段邻居修睦的佳话。

中国有很多成语，如"和气生财""和气致祥""和衷共济""家和万事兴""百忍堂中有太和"，说的都是"和"的重要性。儒家所提倡的"和"，涵盖了个人身心的和谐、人与人关系的和谐、人与自然的和谐等。

"和为贵"，是中国传统文化的精华和重要特征。不仅是儒家，其他重要的流派，例如佛家、道家、墨家等诸家，也大都主张人与人、族群与族群要"和"。

正如习近平在2015年春节团拜会上说过的"使千千万万个家庭成为国家发展、民族进步、社会和谐的重要基点"，家庭的教育对于子女的成

国学名句集锦

夫妇之道，参配阴阳，通达神明，信天地之弘义，人伦之大节也。

——东汉·班昭《女诫》

长、成人是非常重要的。习近平的母亲齐心同志在《我与习仲勋风雨相伴的 55 年》一书中讲述了这样一件事情。1947 年，解放军连续获得青化砭、蟠龙、羊马河"三战三捷"的喜人战绩，"组织上为了能让我和仲勋见个面，让我随慰问团去安塞参加祝捷大会。当仲勋见到我时，非常生气，当着众人严厉地批评我说：'这么艰苦，你来干什么！'我为之一怔，但马上意识到自己实在不应该来这里，影响太不好了。随后，他还对我说：'如果战争持续十年，我宁可十年不见你。'此时，我不仅心悦诚服地接受了他的批评，而且暗暗为他这个伟大丈夫的气概而自豪。"

齐心在回忆录中还提到："对于时任副总理兼国务院秘书长职务的仲勋来说，他宁愿在业余时间多照管孩子们一些，有时还要给四个孩子洗澡、洗衣服，那时我们的孩子都在住校或全托，这期间家里没有请保姆。对此，他视之为天伦之乐，尤其是当孩子们与他摔打着玩时，仲勋总是开心极了。"

一个家庭和睦，父辈勇于担当社会责任，子女也必然在言行熏陶下取得进步。对于家长给予的关怀和厚望，习近平并没有辜负，同时也非常孝顺长辈。他曾在团拜会的发言中，引用了唐代著名诗人孟郊的《游子吟》："慈母手中线，游子身上衣。临行密密缝，意恐迟迟归。谁言寸草心，报得三春晖。"短短的几句诗，生动形象地表达了中国人那种深厚的、难舍的家庭情结。家庭的和谐能促进事业的顺利发展，很多个小家庭汇聚在一起，就能累积出吞吐日月的巨大力量。

习近平一直沿袭着父辈的传统家庭观念——和睦，对父母孝顺恭敬，对子女管教严格，夫妻之间举案齐眉，践行着中华民族所传承的"家和万事兴"的理念。临近 2015 年春节的时候，习近平亲自到陕西省考察调研。习近平一行来到曾在此插队七年的梁家河村，他亲切地看望了父老乡亲，

国学名句集锦

慎则祸之不及，贪则灾之所起。

——唐·姚崇《辞金诫》

并送上了自己出钱采办的各种年货。习近平的夫人彭丽媛也陪同他一起来看望乡亲们，习近平用陕北方言大方地把她介绍给乡亲们说："这是我的婆姨。"

"婆姨"这个朴素的称呼背后，正是他对家庭的爱和责任。曾经有记者采访彭丽媛时，问过她为了家庭退出光鲜亮丽的舞台生活后，为何依旧光彩照人。她坦言说："这跟我的家庭有关，家庭是女人的靠山，是平静的港湾。我的家庭，同所有老百姓一样，是一个普通的家庭，是一个幸福的家庭。"由此可见，家庭和睦的重要性，小的家庭和睦了，才能使国家这个大家庭和谐。

国学名句集锦

诚无悔，恕无怨，和无仇，忍无辱。

——北宋·林逋《省心录》

正身——其身正，不令而行

> "其身正，不令而行；其身不正，虽令不从。"出自《论语》。意思是，当权者自身端正了，不用下命令就能让人自觉地跟随行动，若当权者自身品行不端正，即使下令反复强调，都无法让被管理者自愿服从。

元中统三年，丞相安童派遣张元智迎接全真教的掌教祁志诚。两人一见如故，张无智问他关于修身、齐家、治国的方法，祁志诚说："身正则影正；身邪则影邪。大夫处其厚，不处其薄；居其实，不居其华。"也就是说，一个人身正影子就正，身不正影子自然就不正了。做人不要华而不实，要品行端正，清清白白。

春秋战国时期，臧武仲是鲁国的司寇，专门负责鲁国的经济和刑事方面的工作。臧武仲为人正直，善于辩论，被鲁国世族季武子看重。一天，邾国有个叫庶其的人背叛了自己的国家，带着大队人马来投靠鲁国，而且他还顺便窃取了两座城邑来献给季武子。季武子见庶其不但归顺自己，还带了城池为自己扩大疆域，因此对庶其优待有加，不但赐婚给庶其，还重

国学名句集锦

衣冠不正，则宾者不肃。进退无仪，则政令不行。

——《管子·形势解》

赏了和他同来的鲁国人。庶其忽然间获得了这样丰厚的赏赐，这件事情很快成了鲁国人民茶余饭后议论的话题。

臧武仲觉得国君这样对庶其影响不太好。对于原来的国家，庶其是窃国者，国君不惩处这些"国贼"，反而大加赏赐，那百姓岂不是会认为偷窃是被允许的事情？果然，不久之后，鲁国的偷盗行为渐渐猖獗起来。不只是半夜偷鸡摸狗的事件时常发生，甚至光天化日之下还有人拦路抢劫，随之而来的就是民怨沸腾。臧武仲对此心知肚明，却没有采取实际行动。

季武子听闻国家治安状况如此混乱，便责问臧武仲为什么不管不问，臧武仲不紧不慢地回答说："国家出现这种事情不是我造成的，既然避免不了这种状况，我也没有办法，我真是心有余而力不足啊！如果仅凭借山河险要，是不会繁荣昌盛的，一个国家最重要的是当权者以德治国！"

季武子非常生气地说："你拐弯抹角的，原来就是想要找个借口说我没有德行，来以此推脱你的责任？你自己没有能力维护治安，还谈什么'德'？我劝你找个好一点的理由，或许还能免于死罪！"臧武仲见季武子这么说，装出一副惊慌的神色，说："主公息怒。我也很想消灭盗贼，可是不行啊，因为我一边管理，而有人却一边维护盗贼，我哪里能治得住啊？"季武子听了这话更生气："是谁这么胆大包天，敢维护盗贼？你说出来，我定当严惩不贷！"

臧武仲说："庶其背叛了自己的主子，还偷盗主子的城池来献给您，您收了礼物却忘记这礼物就是赃物啊。您对庶其大加封赏，百姓看在眼里，就觉得盗窃不是坏事，它可以让人得到荣华富贵。主公您养着这些盗贼，我是真的没办法管好治安的。"季武子听完，立刻明白了事情的严重性，明白臧武仲这不是在推卸责任，而是在劝谏！季武子不是昏君，他随后就对庶其施以车裂的重刑。臧武仲也狠抓治安，社会风气渐渐好转

国学名句集锦

救寒莫如重裘，止谤莫如自修。

——《三国志·魏书·王昶传》

起来。

　　从这个故事中我们可以得到一个启示，领导者想要要求下属品行端正，首先就要端正自己的作为，以身作则，才具有说服力和领导力。此外，人贵有自知之明，否则就会被表面事物所迷惑，用错了人，难免就会失败。一个国家如此，一个家庭更是如此。很多党员干部认为，在家里是放松的时间，可以为所欲为，这样做往往会让工作时候的状态也变得懒散起来，一些领导干部更是因此全家参与贪污犯罪，犯下不可弥补的错误。

　　曾子曰："吾日三省吾身。"我们共产党员应该具备这种高度的自我反省精神，随时随地在任何问题上都要反省自己，检查自己是否每天都忠于理想、恪尽职守、履行了应尽的职责。还要看自己是否每天都在认真地坚持学习，提高自己道德修养、文化素质和政治素养，反思自己是否在努力改进工作作风、是否处处为民着想、是否落实了党的政策，反省自己有没有积极、认真地接受监督，是否真正做到了执法守法、清正廉洁。

　　"典型本身就是一种政治力量。"正面典型能给人以正确的引导，反面典型能够给人警示的作用。如果说正面典型的具体作用，就是为所有党员和领导干部明导向、树标杆、做示范，反面的典型自然就是党员和干部反思的最好参照。党员干部要常照的"镜子"有两个方面，镜子里的"贤"与"不肖"要做对照，时刻做到言有所戒、心有所畏、行有所止。

国学名句集锦

好人常直道，不顺世间逆。

——唐·孟郊《择友》

第二章　教　养

　　"子不教，父之过"。言传身教很重要。同样的道理，身边人的教养由党员干部的行为决定，党员干部应对其约束到位，使之谦恭有志，知足守礼。以身作则，管教好身边的人是党员干部必须坚持的工作，尤其是在重视法制建设的今天，官员必须遵循基本的回避原则和廉政要求，遵守国家法律和党内纪律，真正实现小我与大我的相得益彰。

◎**劝学**——学不可以已

◎**循矩**——无规矩不成方圆

◎**恭敬**——老吾老，以及人之老

◎**养志**——有志者事竟成

◎**思齐**——见贤思齐

◎**知足**——祸莫大于不知足

◎**礼让**——有礼则安，无礼则危

◎**身教**——以身教者从

劝学——学不可以已

> 《荀子·劝学》中说："学不可以已。青，取之于蓝，而青于蓝；冰，水为之，而寒于水。"这句话告诉我们，求学不可停止，学习是没有止境的。古人又云："学海无涯苦作舟。"旨在告诫后辈，学习是一生都要进行的事情。

古代很多名载史册的名人志士都有与"学习"有关的故事。凿壁偷光、囊萤映雪、程门立雪、孟母三迁、悬梁刺股……而名人教子读书的方式也各有千秋。

北宋文学家苏洵与其子苏轼、苏辙并称"三苏"，被人称为"一门父子三词客，千古文章八大家"。苏轼、苏辙小的时候非常贪玩，并不爱读书。苏洵几次劝导无效，于是从孩子的天性出发，利用孩子天生的好奇心和求知欲，引导孩子读书。每天孩子们吵闹玩耍的时候，苏洵就躲在角落聚精会神地看书，让人感觉手里捧着的好像是个了不得的宝贝一样。孩子们出于好奇，纷纷围过来想看个清楚，可是这时候，苏洵又把书藏了起来，不让孩子们看。

国学名句集锦

学如不及，犹恐失之。

——《论语·泰伯》

久而久之，孩子们知道了父亲的书里有个"宝贝"，于是趁着父亲不在家的时候，把书偷拿出来看。看着看着，孩子们也都发现了书中的"珍宝"——"书中自有千钟粟，书中自有黄金屋，书中自有颜如玉"——于是阅读成为了每个孩子的良好习惯。

古人常常为子女写下信条，教导子女多读书、读好书。南宋爱国诗人陆游曾为小儿子写下《冬夜读书示子聿》一诗："古人学问无遗力，少壮工夫老始成。纸上得来终觉浅，绝知此事要躬行。"意思是说，前辈做学问都是不遗余力的，而且往往要到老年才能取得成就。我们从书本上学到的知识，仅仅是纸上谈兵，还不够完善。如果想深入理解其中的道理和内涵，必须要经过亲身实践。

陆游写这首诗的时候正是冬日寒夜，他在书房读书读得如痴如醉，还不忘训诫子弟，并且强调了读书与实践的关系，对于后人来说，这是无比珍贵的经验。陆游对儿子的教育，同时也告诉读者做学问要持之以恒，真正的学者应该是既领会了书本上的理论知识，又富于实践精神的人。

《曾国藩家书》中从读书方面对后辈子孙提出了"但愿为读书明理之君子"的希望。曾国藩教给孩子的读书方法主要有三条：第一，读书要读经典作品，因为这些作品都是经历过时间长河涤荡的，其中饱含的智慧、思想内涵都是最值得后人深思的；第二，曾国藩主张"一书不尽，不读新书"，对待学习要求甚解，专注一本，然后再去品读其他书籍；第三，读书要根据自己的兴趣，不必拘泥一家之言，次子曾纪泽不喜欢清朝提倡的八股文，更喜欢西方的语言文化，曾国藩没有阻止他，反而鼓励他按照自己的兴趣爱好去选择书籍学习。

正是因为曾国藩这种教子读书的态度，使得曾纪泽日后成为秉承"经世致用"新思维的知识分子，曾任清政府驻英、法、俄国大使，以"学贯

国学名句集锦

学所以益才也，砺所以致刃也。

——《子思子·无忧》

中西"著称。

在任何时代，学习都是很重要的家训训条，甚至是国家兴衰的重要条件。对于一个民族来说，善于学习能够促使民族复兴；对于一个国家来说，不断学习能够使国家进步；对于一个政党来说，学习并且实践能够保证先进性；对于一个家庭来说，学习也应该是最为重要的家风家训。

在治家上，我们也可以借鉴我党与时俱进的学习理念，比如教育子弟，学习应该是全面系统而富有探索精神的，学习既要抓住重点，也要拓宽领域；要从书本开始，也要从实践中汲取精华；既要向专家学者学习，也要向普通群众学习；既要学习国内理念，也要了解国外先进经验。

习近平提倡，党员干部要"认真学习党史、国史，知史爱党，知史爱国"，"不断学习经济、政治、历史、文化、社会、科技、军事、外交等方面的知识，要结合工作需要来学习，不断提高自己的知识化、专业化水平"，要"有针对性地学习掌握做好领导工作、履行岗位职责所必备的各种知识，努力使自己真正成为行家里手、内行领导"，也要教育孩子多方面多角度学习，明确学习是最重要的个人素质之一，跟孩子一起学习，"学以致用、用以促学、学用相长"，"把学习作为一种追求、一种爱好、一种健康的生活方式，做到好学乐学，如饥似渴地学习，只要坚持下去，必定会积少成多、积沙成塔，积跬步以至千里"。

习近平始终坚持自己努力学习，提倡学习精神，劝导党员干部学以致用，他曾对党员干部加强学习这一问题作出了全面系统而深刻的阐述。深入学习并领会这些重要讲话精神，对于我们增强学习自觉性、掌握更好的学习方法、提高学习效率和能力、提高自身修养、从严治家教子等，都具有十分重要的意义。

国学名句集锦

善学者，假人之长以补其短。

——《吕氏春秋·用众》

循矩——无规矩不成方圆

"离娄之明、公输子之巧，不以规矩，不能成方圆"
出自《孟子·离娄上》。意思是说，即使有离娄那样好的
视力，公输般那样好的技巧，如果不用圆规和曲尺，也不
能准确地画出方形和圆形。

按照孟子的说法，当权者要实施仁政，落实到具体行动上要按照一定
的规则来做。

中国是传承千年的礼仪之邦，家长对子女的文明礼仪教育特别重视。
宋代的著名儒学家程颢、程颐，创立了"二程"学说，后来经过朱熹的继
承和发展，被世人称为"程朱学派"。当时还未成为学问家的杨时和游酢
向"二程"求学，态度非常恭敬。他们原先是拜程颢为师，程颢去世后，
已经年近四十岁且都已是进士身份的杨、游二人，还是决定找程颐继续
求学。

他们专程来到嵩阳书院拜见程颐，恰巧老先生正在闭目养神，故意不

理睬他们，意在考验他们求学的诚意。而他们也生怕打扰了程颐休息，就恭恭敬敬、规规矩矩地立在门外等候程颐醒来。就这样，他们在冰天雪地的环境中等了大半天，一直等到程颐终于出来的时候，脚边的积雪已足有一尺厚了。这就是"程门立雪"的典故。

丰子恺是我国现代著名的画家、教育家、文学家，早年主要从事美术、音乐的教学工作，五四运动后开始创作漫画。丰子恺非常注意对孩子的教育，在日常生活中，他经常教育孩子们对人要有礼貌、要守规矩，"礼仪，就是待人接物的具体礼节和仪式"。

丰子恺家里常有客人来访。每次有客人来访的时候，丰子恺总是细心地跟孩子说："客人来了，要热情招待，要主动给客人倒茶、添饭，而且一定要双手奉上，不能用一只手。如果用一只手给客人端茶、送饭，就好像是皇上给臣子赏赐，或是像对乞丐施舍，又好像是父母给小孩子喝水、吃饭。这是非常不恭敬的。"丰子恺还说："要是客人送你们什么礼物，可以收下，但你们接的时候，要躬身双手去接。躬身表示谢意，双手表示敬意。"

丰子恺的谆谆教导，全都在孩子的心里留下了深刻印象。有一次，丰子恺在菜馆里请一位朋友吃饭，让孩子也去作陪。孩子们在吃饭的时候，表现得比较有礼貌，也很守规矩。孩子们吃完饭，就有孩子想先回家。丰子恺听到了，也不好意思大声去制止，只能悄悄跟他们说不要着急回家。后来，丰子恺专门跟孩子们讲："我们家请客，我们全家人都是主人，你们几个小孩子也是主人。主人比客人先走，那是对客人不尊敬，就好像嫌人家客人吃得多，这很不好。"孩子们知道后也都认识到自己的错误。在丰子恺耐心的教导下，孩子们都很懂规矩、讲礼貌。

国学名句集锦

与人善言，暖于布帛；伤人以言，深于矛戟。

——《荀子·荣辱》

　　家庭如此，国家更是如此。党员干部不能在家中形成良好的规矩氛围，也难以在工作中保持良好的规范作风。1981年，《人民日报》曾刊发过一篇时任中纪委常务书记的黄克诚同志的《关于党风问题》的文章。文章中讲述了一个感人的故事：抗战时期，毛泽东曾用电台指挥工作，电台中的"嘀嗒、嘀嗒"声就是毛泽东和党中央的声音，听到这个声音所传递的信息，全党、全军的同志都要无条件地执行。

　　一个简单的细节，就能折射出老一辈军人和革命家严守纪律、守规矩的可贵精神，同时也能体现出我党讲规矩、守规矩的优良传统。习近平对于遵守政治规矩进行了全面阐释，大大丰富了共产党的纪律理论。除了强调"五个必须"之外，习近平还特别强调了"党在长期实践中形成的优良传统和工作惯例也是重要的党内规矩"。而黄克诚讲的抗战时期"嘀嗒"的故事，就是党内规矩中的优良传统，就是共产党走向胜利的制胜法宝。

　　从十八大到中央纪委第五次全会，守纪律、讲规矩都被提到重要位置。习近平更是反复强调，提出的指示和要求都是"硬话"。同时，在部署教育实践等活动中，他还强调"定了规矩就要照着办"。习近平在湖南考察工作中，要求党员"自觉按原则、按规矩办事"；在研究如何改进作风中，习近平指出"要坚持原则、恪守规矩"是中央领导执政的关键，也是依规治党、从严治党的再次升华。

　　不得不说的是，在部分干部和党员心里，还存在对纪律不当回事、对政治规矩不认真的误区。有人认为，只要自己没有腐败行为就万事大吉，其他的问题都可以解决，没什么好害怕的。个别基层党组织也习惯把监督事先放在反腐上，以为只要底下干部没有腐败问题，其他的事情就都可以

国学名句集锦

　　欲胜人者必先自胜，欲论人者必先自论，欲知人者必先自知。

　　　　　　　　　　　　　　　　　　　　　　——《吕氏春秋·先己》

忽略，根本没有必要加以追究。

对于党员干部来说，在大是大非的问题上一定要有坚定的立场，对违反规矩的事物更要有鲜明的态度，这是每个党员应有的最基本的政治觉悟。"无规矩不成方圆"，对于党员干部来说，必须要做到无论何时何地何种情况都不越轨、不越界、不越底线。

━━━━━ **国学名句集锦** ━━━━━

非理之财莫取，非理之事莫为。

——明·冯梦龙《古今小说》

恭敬——老吾老，以及人之老

> "老吾老，以及人之老；幼吾幼，以及人之幼。"出自《孟子》。意思是，以仁德使天下统一，要求管理者像尊敬爱戴家中长辈那样尊敬爱戴别人家的长辈；像爱护家中孩子那样爱护别人家的孩子。这就是和谐社会中人际关系的缩影。

孔子所描绘的"大同世界"大致是这样的——"故人不独亲其亲，不独子其子，使老有所终，壮有所用，幼有所长，鳏寡孤独废疾者皆有所养"。每个人不是只养活自己的父母，不是只爱护自己的子女，而是让所有的老人都能得到照顾，青壮年有用武之地，孩子能够健康成长，所有失孤失独的人和残疾人都有人奉养。

包拯从小就以孝著称，性格耿直敦厚。宋仁宗天圣五年，28岁的包拯中了进士，开始担任大理寺评事，接着出任建昌县知县。后来因为父母年纪大了，不能随包拯远到他乡，包公为了尽孝就辞去官职，专门回家照顾父母。因此，他的孝心受到了同朝官吏们的交口称颂。

国学名句集锦

老吾老，以及人之老，幼吾幼，以及人之幼，天下可运于掌。

——《孟子·梁惠王上》

几年后，包拯的父母都已经辞世，包拯这才在泸州乡亲们的劝说下重新回朝做官。在封建社会，父母如果只有一个儿子在膝下，那么儿子就不能不管父母，为了自己仕途去外地做官，这种做法是违背当时法律规定的。所以一般情况下，年迈的父母都会为了孩子的前程，去儿子做官的地方养老。像包拯父母这样不愿意跟随儿子去外地养老的，在当时是很少见的，毕竟这就意味着儿子要辞去官职回家照料他们。关于包拯回乡照顾父母的故事，史书上并没有明确记载，可能是因为他的父母重病在身，无法承受旅途颠簸，所以包拯才辞官回乡。包拯为了父母能主动辞官，这就说明他并不迷恋官场名利，对父母的孝敬的行为也堪称世人表率。

老一辈革命家们也都是敬老孝顺的典型。朱德曾著文《回忆我的母亲》，深情地赞颂了自己母亲对儿子无比的爱护以及高尚的品德。毛泽东在收到母亲病危的家信后日夜兼程回到家里时，还是没有见到母亲最后一面，他只能抚摸着棺木放声大哭，在悲痛中写下《祭母文》说："吾母高风，首推博爱。"国母宋庆龄非常孝顺，曾在母亲墓前"饮泣不已"。陈毅看望母亲，一定要给卧床不起的母亲亲自洗衣服。

随着中国老龄化问题逐渐加剧，中国的养老问题已经成为社会热点。每次召开人大代表会议，都会有许多人大代表跟政协委员提出有关于养老问题的解决建议。

伟大的中华民族是诚信、勤劳的民族，但现在的社会诚信跟道德已经有了缺失乃至滑坡的现象，所以传统的美德是需要回归的，更要重视对道德体系的建设。"恭敬"如果在社会层面上进行扩展，就是"亲亲敬长"，具体来说就是对师长、对朋友、对他人的尊重。所以，在当今社会，要做

国学名句集锦

言悖而出者，亦悖而入。

——《礼记·大学》

到"老吾老以及人之老,幼吾幼以及人之幼",重点强调对社会普及孝敬的行为,回报社会,做一个友善孝顺的人。

"敬"其实与爱国是一脉同源的。经过中华民族千百年来的沉淀,"恭敬"渐渐演化成为中华民族特有的精神标识,表达的不仅是孩子对父母的爱敬情感,也是每个中华儿女为人处世所遵循的基本准则,一直发挥着引导人们行为、整合社会意识的作用。"敬"与"廉"是相互依存的共同体,"廉政"是"敬"在公共权力关系中的体现。因此,每一个党员干部要从家庭教育开始,将"敬"作为培养高尚品德的起点和前提。

国学名句集锦

人贤而不敬,则是禽兽也;人不肖而不敬,则是狎虎也。

——《荀子·臣道》

养志——有志者事竟成

"有志者事竟成"出自《后汉书·耿弇传》，该篇文章记述的是光武帝刘秀手下一名将军的故事，刘秀评价他胸怀理想便可计日程功。后来这句话用来说明有理想、有抱负的人终能取得成功，实现理想。

东汉时期，光武帝刘秀手下有个叫耿弇的名将。有一次，光武帝派他带兵去攻打豪强张步，彼时战斗情况非常激烈。战斗中，耿弇的大腿被箭射中，他当即拔出佩剑将箭砍断，接着又投入战斗，最终大败张步。战后，光武帝嘉奖了耿弇，感慨地说："你以前提出攻打张步并平定山东，还觉得可能难以实现，有所担心。现在才明白'有志者事竟成'，人只要有志气，没有什么事情是办不成的。"

苏轼说："古之立大事者，不惟有超世之才，亦必有坚忍不拔之志。"曹操说："老骥伏枥，志在千里；烈士暮年，壮心不已。"秦朝末年，各地百姓纷纷起义，反对秦帝国的残暴统治。各路起义军中以项羽和刘邦力量最大。

国学名句集锦

古之人，得志，泽加于民；不得志，修身见于世。

——《孟子·尽心上》

项羽"破釜沉舟"一战大获全胜的故事流传至今。当时，三十万秦国兵马将赵军围困在巨鹿，赵王急忙向楚怀王求救。于是楚怀王便以宋义为上将，项羽为裨将，统帅二十万兵马去救援赵国。哪知道宋义听闻秦军兵力强大，才走到半路就不走了。军中粮食不足，士兵就用野菜和杂豆一起煮了来当饭吃，宋义却大肆举办宴会。这种行为把项羽给惹怒了，他当即杀了宋义，传令自己当了上将军，然后带着军队去援救赵国。项羽先是派出一支小部队，直接切断了秦军的粮道，再率领主力渡过漳河。

楚军渡过漳河后，项羽让士兵们都饱饱地吃了饭，命令每个人只带三天的粮食，然后命令士兵将船全部沉入河底，把做饭用的锅全部砸碎。借此告诉战士们必须勇往直前，没有退路。这就是"破釜沉舟"的故事。在项羽的指挥下，楚军将士以一当十，拼死战斗，击溃了秦军。从这以后，项羽名震天下。

有志向就是有理想，就是有目标，这是成功的第一步。1898 年，鲁迅第一次离开家乡，先进了南京水师学堂，后来又去了铁路矿务学堂。期间他读了许多关于新思想和新知识的书籍，对列强侵略祖国十分痛心，同时他对无能的清政府也极度不满。后来，鲁迅又去日本学习，先后在东京弘文学院、仙台医学专业学校就学。鲁迅为什么转而学医呢？因为当时的他以为新医学将是一门对国有用的技能，外国人一直说中国人身体弱，而医生可以为国人治病，强身健体。

可是后来鲁迅遇到的一些意想不到的事，让他改变了行医救国的想法。第一学期的医学考试，鲁迅通过自己的努力取得了中等的成绩，这对一个日语不是很好的中国人来说是非常不容易的。一部分日本学生因为歧视中国而对他的成绩有所怀疑，这些学生故意写了匿名信送给鲁迅，怀疑这次鲁迅的成绩之所以这么好，是不是藤野先生因为私交关系向鲁迅提前

国学名句集锦

志之难也，不在胜人，在自胜。

——《韩非子·喻志》

说了题目。这封信刺激了鲁迅，使他的自尊心严重受挫，取得的成绩被怀疑，是因为自己的民族不够强大！他愤怒地说："中国是弱国，所以中国人当然是低能儿，分数在六十分以上，便不是自己的能力了，也无怪他们疑惑。"

1905 年秋，鲁迅的课程中多了细菌学的课，上课的时候常放映观看细菌的形状，有时侯还会放映一些短片，都是一些时事。当时日本作战者跟俄国军队刚结束了在中国东北的战役，所以幻灯片放映镜头大多是关于日本胜利的。有一回在放映的过程中，竟出现了这样的画面：一群在中国作战的日本兵，五花大绑地抓了一个中国人，将他押赴刑场，原因是这个中国人给俄军做过侦察。镜头中旁边还有一些中国人静静地观看，他们的脸上没有任何表情，是那样麻木，并且这群麻木的人和被杀的那个中国人，他们的身体看上去是强壮的。日本学生的鼓掌欢呼，让鲁迅感到非常愤怒、悲痛和屈辱。日本和俄国在中国的领土上发动战争，中国人却要无辜受死，而最让人痛心的是那些围观的中国人，他们身强体壮，却眼睁睁地看着自己的同胞被杀，这个民族竟然麻木成这样！

鲁迅终于醒悟："医学救国"是不够的。中国人不是身体不够强壮，而是精神麻木，所以他们才做围观的群众；一个医生的医术再好，他能医治的只有同胞的身体，同胞的灵魂医生是无法医治的；只有国民的精神振奋起来，让沉睡的雄狮清醒过来，才是救国救民之道。

1906 年，鲁迅带着明确的志向向藤野先生告别，回到了东京，以沉重的心情跟朋友许寿裳说："我退学了！"许寿裳惊讶地问："为什么？你不是学得正有兴趣么？"鲁迅愤慨地回答："中国的呆子，岂是医学能治疗的？我决计从事文学了！"他要用文字，唤醒国人沉睡的精神，只有这种精神才能挽救处于危机中的民族！

国学名句集锦

有非常之人，然后有非常之事；有非常之事，然后有非常之功。

——《史记·司马相如列传》

从此，鲁迅踏上了文学救国的道路。他翻译了许多外国著名的文学作品，写下了《摩罗诗力说》《人之历史》等文章，引进了西方先进的科学和文化。他发表的《狂人日记》是中国第一篇白话文小说，在文化上的诸多创举，使他最终成为一代伟大的文学家和革命家。他的许多著作，已经成为中华民族宝贵的精神财富。

在家庭教育中，对于目标和志向的养成尤为重要。一个人只有从小树立远大的目标，才能在未来成为为目标奋斗的人。尤其是党员干部的家庭中，对于孩子的目标教育非常重要。很多"官二代"之所以走上歧途，就是因为理想和信念的缺失。一个人只有有明确的目标，才能始终奔着目标前进，最终成事。个人如此，民族如此，作为领导国家的党也是如此，正所谓"有志者事竟成"。

国学名句集锦

志不立，天下无可成之事。虽百工技艺，未有不本于志者。

——明·王守仁《示龙场诸生》

思齐——见贤思齐

《论语》中记述说："见贤思齐焉，见不贤而内自省也。"意思是说，见到贤能的人，我们就应该向他看齐，也要做到同样出色。见到无才无德无能之人，我们就应该反省自己是不是也有相同的过错，如果有，就去改掉它。

孔子的见贤思齐，成为后世儒家学生修身与养德的参照。孟母因为担心孩子受到不好环境的影响，不辞辛苦连续搬家三次，直到搬到了学舍附近，看到孟子学会了进退礼节后，才最终定居下来，这说明了榜样在个人成长中的正向作用。

有一天，孔子的学生子夏读完书就来到孔子面前，按捺不住兴奋的心情，对孔子说："老师，学生刚读完那些书，现在感到身心都很舒畅。"孔子将子夏高兴的神情看在眼里，问他："那你谈谈读书的感想吧。"

子夏想要说的事情就是这个，他高兴地说："书中记载了尧舜等圣人伟大的品德，还有大禹、商汤和文王的高尚情操。而学生从老师那里学到的，也会铭记在心中，永远不敢忘怀。有朋友从远方来，我会快乐；没有

国学名句集锦

闻贤而不举，殆；闻善而不索，殆；见能而不使，殆。

——《管子·法法》

朋友拜访，我还是会快乐。因为学生已经能够从读书中，修养人格，已经忘记吃饭了。"

子夏滔滔不绝地说完，便兴奋地看着孔子，他以为定会得到老师的称赞。没想到孔子听完后脸色一下子就变了，看起来非常生气。子夏心中正纳闷，就听见孔子不悦地说："我的学生竟然已经鸿篇大论地谈天说地了！"子夏站在旁边不敢再说话，孔子的怒气未消："子夏只看见事物的表面，而看不见事物里面的根本。"

颜回在一旁感到不解，便问道："老师，既然表面已经看到，那里面又有什么呢？"孔子解释："读书看见了外面的门却不深入里面，怎么能了解这其中的奥妙呢？而进到门中，再探门中的根本奥秘就不难了。为师曾经为此殚精竭虑，现在终于进入门中，这就好比身处险峻大山中，面前有高耸的悬崖，身后有山谷深不可测，而那里的景色奇妙无比。"

颜回佩服地说："老师说得对，只见其门而不入其门，就不能找到深藏的更精妙的奥秘啊！"子夏也向孔子鞠躬说："听了老师的话，学生受益匪浅，学生今后当专心深入，以老师为榜样，探索书中更深奥的学问。"

学习需要树立榜样，追随先贤是一种学习的方法。工作也是一样，榜样的力量是无穷的，只有向榜样学习，减少摸索中的曲折，才能找到成功的捷径。毛泽东在给女儿李讷的书信中曾鼓励道："大有起色，大有壮志雄心，大有自我批评，大有痛苦、伤心，都是极好的。你从此站立起来了。因此我极为念你，为你祝贺。读浅，不急，合群，开朗，多与同学们交谈、交心，学人之长，克己之短，大有可为。"

党员领导干部践行"三严三实"，要把先进典型作为标杆，把反面典型当作镜鉴，做到"见贤思齐，见不贤而内自省"。

习近平2013年6月28日在全国组织工作会议上指出："用一贤人则

国学名句集锦

仁者莫大于爱人，知者莫大于知贤，政者莫大于官贤。

——西汉·戴德《大戴礼记·主言》

群贤毕至，见贤思齐就蔚然成风。"国家选什么样的人才，标准就是风向标，就会有怎样的干部作风、怎样的党风，就会出现怎样的民风。

焦裕禄、孔繁森、沈浩……这些优秀的基层干部，为什么让人们无限尊重深切怀念？因为他们宝贵的精神与他们身上的闪光点。所以，对于领导干部来说，成为榜样的事迹可以不同，但是，榜样必备的精神素质是相同的，工作能力要优秀、个人品格要高洁、为民情怀要博大，都是不能缺少的。这样，党员在发现自身的不足时，就可以以榜样做标尺，从而提升自身的能力，最终成为同样具有榜样力量的优秀党员。

自省是"思齐"的第一步。"吾日三省吾身""见不贤而内自省"，这是党员干部该有的精神。"见不贤者，有则改之，无则加勉"，没有才能德行的人总会存在很多的问题。作为党员，自省最基础的是建立正确的价值观和政绩观，否则所谓的"自省"就是在做无用功。如人们大多对贪污腐败深恶痛绝，但有的人却觉得贪污是种本事，这样的人一旦上位，哪还有自省与警惕？

因此，党员的"见贤思齐"需要在正确的政治观念下，做到对己对人都事事留心警惕，对没有德行的人，要警惕的是自身不要被诱惑，在思想层面上自我提升，在处世原则和做人底线上是绝对不能通融的，要清清白白、堂堂正正地做人和做事。

国学名句集锦

仁者，人也，亲亲为大；义者，宜也，尊贤为大。

——《礼记·中庸》

知足——祸莫大于不知足

《老子》中有："罪莫大于可欲，祸莫大于不知足，咎莫大于欲得。故知足之足，常足。"意思是，放纵欲望就是最大的罪恶，永不知足就是最大的祸患，贪得无厌就会造成最大的过失。所以懂得满足，就会成为快乐的人。

对于"知足"，古代最典型的一个故事就是"塞翁失马"。战国时有个养马的老人，大家都叫他塞翁。有一天，塞翁的一匹马突然不见了。他的邻居知道这件事后，就安慰他不要生气着急。塞翁听着大家的劝慰话，只笑着说："丢了这一匹马，我也没有太大损失，说不定还能给我带来福气呢。你们都不要担心我。"邻居心里开始觉得好笑了。马丢了肯定是件坏事啊，他竟然说是好事。

过了不久，塞翁丢了的那匹马自己回家了，而且还带回了一匹马。邻居知道后都非常佩服塞翁，纷纷向他道喜。塞翁忧虑地说："这样白得了一匹好马，哪里就是福气呢？说不定不久就要惹麻烦了。"邻居们见他这么说，以为他心里高兴，就是不说出来。

国学名句集锦

知足者富，强行者有志。

——《老子》

塞翁有个独生的儿子，非常喜欢骑马。那匹被带回来的马是匹好马，所以，他的儿子每天都骑着这匹马得意洋洋地出游。然而有一天，塞翁的儿子从马背上不小心跌下来摔断了腿。塞翁的邻居们听说后，又纷纷来看望。塞翁并没有伤心，他说："大家不用担心，只是摔断了腿，但命还在，说不定会因祸得福呢。"邻居们听说后，又觉得他胡言乱语。因为他们实在想不出，一个人摔断腿还能有什么福气。

过了不久，国家遇到敌国入侵，周围的许多青年人都应征入伍了，唯独塞翁的儿子因为摔折了腿不能去当兵。结果那年入伍的士兵几乎都战死了，只有塞翁的儿子保全了性命。

大部分人把"知足常乐"理解为懂得满足就会快乐，这是把"快乐"定义在"得到"和"满足"的欲望之上，只是片面地理解了"知足常乐"，因为安于现状的知足带来的快乐是不长久的。只有不断追求更高的境界，才能得到真正的快乐。

马克思曾说："如果我们选择了最能为人类福利而劳动的职业，我们就不会为它的重负所压倒，因为这是为全人类所做的牺牲；那时我们所感到的将不是一点点自私而可怜的欢乐，我们的幸福将属于千万人。"

对于党员干部来说，家庭生活中的"知足"和"不知足"更加重要。一方面，对于物质享受的追求，我们要懂得满足，懂得珍惜。另一方面，对于真理和教养的追求是永无止境的，不仅要教导身边的人"知足"，还要提醒家人进步。

毛泽东当年在规劝柳亚子时，写下了一句"牢骚太盛防肠断"，表达的就是要"知足常乐"的意思。相比当时，当今也有很多党员干部会随意发一些牢骚，表达自己的不满，其实也是可以用这句话来回应的。牢骚可以发，但要注意方式，更要在发牢骚前检省自己，尤其是作为党员干部，

国学名句集锦

欲无度者，其心无度；心无度者，则其所为不可知矣。

——《吕氏春秋·观表》

不能动辄就发牢骚埋怨，特别是不分场合地发牢骚，这样明显是有失身份的。作为个人，也要注重调整并且控制情绪，不要总是整天跟自己过不去，也不要埋怨别人，要懂得感恩和满足，同时还要追求更高的革命理想。

党员干部要想保持平和健康的心态，需要做到"四平"：努力做平凡人，保持一颗平常心，甘于过平淡生活，专心干好平凡事。对于党员干部来说，贯彻落实"中共中央政治局关于改进工作作风、密切联系群众的八项规定"，把"知足、知恩、知责"当作自己的终生座右铭，脚踏实地地工作，是全面建成小康社会这一宏伟目标顺利实现的重要保证。

国学名句集锦

宇宙可臻其极，情性不知其穷，唯在少欲知足，为立涯限尔。

——《颜氏家训·止足》

礼让——有礼则安，无礼则危

> "人有礼则安，无礼则危。"出自《礼记》，意思是，人有礼仪规范，社会就会和谐；没有礼仪规范，就会对社会造成危害。

战国时期，赵国的大臣蔺相如是一个很有见识和才能的人。他是文臣，地位却在大将军廉颇之上，这让廉颇觉得很不舒服也很不服气。他说："我廉颇堂堂一员大将，阵前为国立功无数，杀敌也无数，战功赫赫，却不如那个蔺相如？他就只长了一张嘴，说上几句话竟然爬到我头上，我一定要找个机会好好羞辱他。"蔺相如听说了这番话后，尽量避免与廉颇见面。

蔺相如的做法让手下人感到委屈，大家提出告辞还乡。蔺相如挽留说："大家觉得廉将军和秦王比，谁厉害？"手下人都说："秦王厉害。"蔺相如说："诸侯都怕秦王，可是我为了赵国，在秦国的朝廷上斥责了他，所以我怎么会怕廉将军呢？你们想过没有，赵国没遭到强大的秦国的攻打，正是因为有我和廉将军的缘故。我处处礼让廉将军，是为了国家利益

国学名句集锦

不学礼，无以立。

——《论语·季氏》

着想。"听了这话后，大家不再有告辞还乡的念头，并且对蔺相如更加尊敬了。

蔺相如的话传到了廉颇的耳朵里。廉颇静下来想想，觉得自己心胸狭隘，只计较个人荣辱得失而不顾国家利益，真是不应该。于是，他脱下战袍，背上荆条，到蔺相如府门口请罪。蔺相如见廉颇"负荆请罪"，连忙扶起廉颇。从此以后，二人交情日渐深厚，同心协力保卫赵国。

人人皆知，有"礼"能走遍天下，礼仪是人际交往的通行证，礼仪在人们的交往行为中有一定的调节作用，不仅能促进人际沟通，还能营造和谐的人际关系。经济快速的发展伴随着社会全面的进步，礼仪在社会和生活的每一个层面里都发挥了越来越重要的作用。

新中国成立不久的一次接待外宾过程中，负责接待的同志在周恩来总理到场后，对周恩来说："总理，您也到了，工作人员也都到齐了，咱们是不是现在开始？我现在就去把外宾叫进来？"周恩来立刻纠正道："怎么能说是去'叫'外宾呢，应该是去'请'外宾啊！"虽然只有一字之差，却体现了他的真诚与尊重。

礼也是对自身的约束。长征期间，条件比较艰苦，周恩来的胡须一直都没有修剪。在到达陕北后，因为经常参加对外联络活动，周恩来就再也没有留过胡须，因为他的形象就代表着整个红军、八路军以及新中国的形象。据周恩来身边的工作人员回忆，就算是工作再忙，周恩来也会非常注重自己的仪表，数十年如一日地坚持。

中国自古以来就是礼仪之邦。荀子说："人无礼则不生，事无礼则不成，国无礼则不宁。"意思是，人如果不守礼节就没法生存，做事没有礼就无法成功，国家没有礼则不能安宁。如果抛弃掉传统文化和礼仪，就等于丢掉了生存的根本，割断了中华民族的精神命脉。也许很多人会认为，

国学名句集锦

让，礼之主也。

——《左传·襄公十三年》

仅仅在重要场合和特定的时间段内保持礼让的态度就可以了。实际上，礼让是一种习惯，更是一种基本素质。"明礼"和"守礼"是党员干部必须具备的品格和美德，只有充分认识到自己的身份是人民公仆，摆正自己的位置，自觉以"礼"为基础，才能全心全意为人民服务。

除了要自己保持这种精神境界，党员干部更要让自己的家人也同样具备这样的美德。当今社会处处存在着"路怒族"，也有很多"官二代""富二代"倚仗家人的地位违法犯罪，这些都是不良的家庭风气，会造成非常坏的社会影响，最终害人害己。所以，党员干部需要格外注意自己的"身边人"的基本道德素养问题。

国学名句集锦

不由礼之事，非不可行也，行之不能久。

——唐·杨炯《公狱辩》

身教——以身教者从

> 《后汉书》中有："以身教者从，以言教者讼。"意思是，以自己的行为教育别人的会让别人跟从，只用语言上的命令来教育别人的会生出是非。

《礼记·大学》中说："欲治其国者，先齐其家。"这句话可谓是家喻户晓，人人皆知。社会是由家庭组成的，稳定的家庭结构以及和谐的家庭关系，是社会和谐的基础。因此，搞好家庭教育，对于治理国家有至关重要的作用。

在古人看来，把子女教育好是爱他们的一种表现，方孝孺说："爱其子而不教，犹为不爱也；教而不以善，犹为不教也。"意思是指，既要爱护好子女，还要教育好子女。汉代思想家王符认为，贤者智士对于子女要"厉之以志，弗厉以诈；劝之以正，弗劝以邪；示之以俭，弗示以奢；贻之以言，弗贻以财。"也是在强调德教为先。

国学名句集锦

三人行，必有我师焉；择其善者而从之，其不善者而改之。

——《论语·述而》

诸葛亮对子女说："静以修身，俭以养德，非淡泊无以明志，非宁静无以致远。"在他的小儿子诸葛乔成了驸马后，诸葛亮仍然严格要求他。为了防止诸葛乔养尊处优，在安逸的生活中变为碌碌无为的庸人，诸葛亮要求他离开宫廷生活，到成都担任一个运粮官，在军营中经受磨练、锻炼意志。古代教子有方的故事比比皆是，如妇孺皆知的"孟母三迁""画荻教子"等，圣人先贤们都用自己的行为来影响孩子，以自己的言传身教帮助孩子理解那些高尚的道德品质的内涵。

明代思想家吕坤在他所著的《呻吟语》中指出："家人之害，莫大于卑幼各恣其无厌之情，而上之人，阿其意而不之禁。"作为长辈，如果一味地迎合子孙贪得无厌的要求，是一个家庭的最大不幸。因此，出于官宦世家的清人王士俊在《忘家》中写道："当官最忌枕头风，英雄最怕稚子情。"纵观历史，许多贪赃枉法者最初并非坏人，只是因为听从其妻指使，顺从儿女意愿，一步步走向贪贿。所以为官者一定要家法从严，不要顺从妻儿的无理要求，并且以"忠孝廉节""利害是非"等道德标准要求家人，以身作则。

宋代的包拯、欧阳修、范仲淹都是道德修养很高的人，他们本身就对世人起到了良好的示范作用，自然更以身教的形式影响着家人。包拯在教训子侄的文章中说："后世子孙仕宦，有犯赃滥者，不得放归本家，亡殁之后，不得葬大茔之侧。"欧阳修在写给其侄子的信中说："于官下，宜守廉，不得买官下物。"他们勉励后辈，即便是当官，也要做到清正廉洁，坚决不能做贪赃枉法败坏门风之事。范仲淹在写给子弟的书信中，提出了

国学名句集锦

故义胜君，仁胜父，则君尊而臣忠，父慈而子孝。

——《淮南子·缪称训》

做人为官的原则："见利思害，勿求人提拔而自充实，公事不可与家人议。"

古人讲："教子贵以身教，不可仅以言教。"家长只有自身行为言语得当，子孙才会获得良好的教育。党的前行道路也是这样，只有党员干部以身作则，自身不出差错，人民群众才会积极拥护并信任我们。中共中央政治局 2015 年 9 月 11 日就践行"三严三实"进行第二十六次集体学习，习近平在主持学习时强调："党中央在部署这次专题教育时明确提出要以上率下，中央政治局这次集体学习以'三严三实'为题，就是落实这一要求的行动。中央政治局每位同志都要以身作则，为全党做好示范。'三严三实'是我们天天要面对的要求，大家要时时铭记、事事坚持、处处上心，随时准备坚持真理、随时准备修正错误，凡是有利于党和人民事业的，就坚决干、加油干、一刻不停歇地干；凡是不利于党和人民事业的，就坚决改、彻底改、一刻不耽误地改。"

国学名句集锦

圣人以身体之。

——《淮南子·氾论训》

第三章　赡　亲

　　孝敬父母、尊敬长辈，是做人最基本的要求，也是各种高尚品德形成的前提。毛泽东曾在忠孝问题上提到，我们提倡的忠孝不是忠于某一个人、孝于某一个人，而是为国家尽忠、为民族尽孝，这就是我们党员干部必须持有的忠孝观。考察党员干部是否尊老敬老，是非常有必要且切实可行的，可以用作评判其是否有"德"的标准。党员干部应该将孝敬父母这一优良传统继续发扬光大，为党和人民的事业做出更多的贡献。

◎**顺意**——乐其心不违其志

◎**敬重**——孝子之至，莫大乎尊亲

◎**遵诲**——父母命，行勿懒

◎**持恒**——大孝终身慕父母

◎**分忧**——仁之实，事亲是也

◎**勿烦**——劳苦莫教爹娘受

◎**饱暖**——薄父母，不成人子

◎**及时**——子欲养而亲不待

顺意——乐其心不违其志

《礼记》云："孝子之养老也，乐其心不违其志，乐其耳目，安其寝处，以其饮食忠养之，孝子之身终，终身也者，非终父母之身，终其身也。"意思是，孝子为父母养老，应该使他们心情愉悦，顺从他们的意愿，使他们感官愉悦，生活舒适，供奉吃喝赡养他们，终生不辍。

中国孝道文化涵盖敬养父母、繁衍子孙、感恩他人、忠孝两全、追思先人等，是一个从个人到社会、从修齐治平到拓展提升的多样性文化系统。中国人的"孝"，不但重视赡养，还注重由衷的关心及心情的愉快。有人认为，父母岁数大了，无法自己养活自己了，身为儿女，在物质方面供养父母，让父母衣食无忧，便可以说尽了孝道了。孔子却不赞成这个说法。孔子说："今之孝者，是谓能养，至于犬马，皆能有养，不敬，何以别乎？"他强调"敬"，指出单单"能养"是不够的。

孝顺父母要向"既养且敬"方面努力。在家时既要积极从事家务劳动，不让父母操劳，又要在思想方面，遵从父母的意愿与教诲，时常将自

国学名句集锦

事父母几谏，见志不从，又敬不违，劳而不怨。

——《论语·里仁》

己的生活、学习及心理状况告知父母，出去与回来的时候，都要告诉父母。不在父母身边的时候，要多给他们寄信、打电话，或者多回去探望父母，不让他们牵挂。顺父母的善意，尊重父母，是孝的基本要求。

孝顺父母意即尽孝，但并不是每一次父母的意愿都要顺从，我们也应该有自己的判断，明辨是非后有选择地顺从，而不是愚孝。实际上，更符合公理和法律的孝顺才是真正的孝顺，才是对"孝"本身的一种尊重。

曾子的父亲性格暴躁。一天，曾子在瓜田中除草，一不留神将瓜藤弄断了，曾子的父亲非常恼火，用棍子把曾子打了一顿，直到他晕过去。孔子知道此事之后，觉得曾子太不像话了，气愤地对守门的弟子说："等曾参来了，不许让他进门。"

曾子觉得自己并未做错，于是请教孔子。孔子说："舜照顾自己的父亲，父亲需要他时，都在父亲身边；父亲意图打死他时，都不曾被父亲找到。轻打便承受责罚，重打急忙溜走。舜这样做，未曾让父亲做出不守本分的事情，自己亦未曾丢失孝顺的美德。可是你如此不惜身体承受重责，如果真的让父亲打死，便是让父亲陷于不义，和不孝比较，何者为重呢？"

曾子听了这些话之后，知道自己错了，马上去向父亲认错。孔子所谈即"无可无不可"的理论：身为子女，父亲要打你，先观察他愤怒的程度，手中的东西是否能将人打死。如果不能，打一打也无所谓，此为孝；如果能，马上逃，此亦为孝。孝顺要有恰当的尺度，尊敬也要有恰当的尺度，并非盲目顺从与过分敬重。

在战争时期，毛泽东曾经提到忠孝问题，他指出，我们倡导的忠孝并非对某一个人忠孝，对国家和民族尽忠尽孝，才是最大的忠孝，从而将"不独亲其亲""老吾老"的传统美德，提炼为革命的传统美德。在此类思想道德观念的引导之下，很多革命先烈以尽"忠"的方式实现尽"孝"，

国学名句集锦

教民亲爱，莫善于孝；教民礼顺，莫善于悌；移风易俗，莫善于乐；安上治民，莫善于礼。

——《孝经·广要道》

忘我地投入革命，解放全国人民的父母，让他们的政治地位与经济地位在本质上得到改变，实现了"最大的孝"，展示了"最大的忠"。

在我国的传统社会当中，儒家始终将孝顺和感恩看作人伦之公理，将其当成维护社会伦理关系与政治统治的主要方式，让孝和感恩这种调节家庭伦理关系的道德准则，拓展成拥有普遍社会意义的行为规范，成为社会教育感化的根本内容。在改革开放与现代化建设的新时期，我党一直主张把孝道思想和爱国主义、社会主义融合在一起，从而为祖国与人民献上自己的一份力量，从而形成了广义的"孝和感恩"的高尚品德，适应了传统美德现代化的要求。

国学名句集锦

礼以顺人心为本。

——《荀子·大略》

敬重——孝子之至，莫大乎尊亲

《孟子·万章上》有云："孝子之至，莫大乎尊亲。"
意思是说，孝子尽孝的极点，就是尊奉双亲。

　　在中国，后辈人的名字绝对不能与父母或者长辈一样，因为要显示对长辈们的尊重，这就是孝敬的一种表现。回避父母及祖父母的名字，是整个家庭的家讳或者私讳。此外，和他人来往的时候，要避对方长辈的讳，不然是非常没有礼貌的。

　　唐代诗人李贺的父亲名"晋"，和"进"同音，所以李贺一辈子都无法考中进士；《红楼梦》中林黛玉的母亲名为贾敏，所以她只要碰到"敏"字均念为"米"或者"密"；司马迁的父亲名为"司马谈"，因此《史记》中为与其父同名的人全部改了名，如将"张孟谈"改为"张孟同"，将"赵谈"改为"赵同"；范晔作《后汉书》时也是这样，由于他的父亲名为"范泰"，因此在《后汉书》中，将"郭泰"改为"郭太"，将"郑泰"改为"郑太"。还有唐代诗人杜甫，其父名为"杜闲"，为了避父亲的讳，杜甫终生所作的诗中都不曾用到"闲"字；杜甫母亲的名字叫"海棠"，所以他的诗集中没有一首"海棠诗"。苏轼的祖父名"序",因此他的父亲苏洵从不用"序"字,遇到需要用"序"的地方一律用"引"字代替,而苏轼则是用"叙"字来代替"序"字。

古人对父母之敬重,由此可见一斑。今人也是这样,如周恩来不到一岁的时候,便由寡居的嗣母陈氏带在身边养育,将自己所有的感情与心血都投入到对周恩来的抚养与教育上,所以周恩来也一直将陈氏等同于自己的亲生母亲。周恩来四岁时,陈氏便让他认字,五岁时便将他送入私塾。陈氏对周恩来的要求十分严格,每天黎明时便要起床,并亲自督导一天的学习。

1904年,六岁的周恩来跟随父亲、母亲、陈氏及弟弟搬到清江浦,也就是现在的江苏清江,在外祖父家的家塾里上学。外祖父家人口众多,亲族间有了矛盾,总是请周恩来的母亲前往调解。而此时周恩来家的生活条件已经走下坡路了,经常需要向别人借钱来维持生计。所以,周恩来的母亲既辛苦又忧郁,终于在1907年卧病在床了。

1908年夏天,陈氏因患肺结核离开了人世。周恩来对陈氏的感情非常深,于是作了一篇《念娘文》。抗日战争胜利结束后,周恩来在重庆接受采访时说:"三十八年了,我没有回过家,母亲墓前想来已白杨萧萧,而我却痛悔着亲恩未报。"

敬重父母实际上是党员干部敬重群众的思想基础。从某种意义上来说,人民群众始终是共产党员的衣食父母。习近平这样说过,"要始终与人民心心相印、与人民同甘共苦、与人民团结奋斗""千万要记住政府前面的'人民'两字""穿百姓之衣,吃百姓之饭,莫以百姓可欺,自己也是百姓""群众在干部的心里有多重,干部在群众心中就有多重""要像爱自己的父母那样爱老百姓,为老百姓谋利益,带老百姓奔好日子"等等,

---

国学名句集锦

生,事之以礼;死,葬之以礼,祭之以礼,可谓孝矣。

——《孟子·滕文公上》

他始终坚持对百姓的敬重和热爱，并且在不同的时间和地点表达他的想法。

共产党扎根于人民、来源于人民，人民始终是党的力量源泉、执政基础与胜利根本。毛泽东曾说："我们的一切工作，不论职位高低，都是人民的勤务员。"邓小平说："我是中国人民的儿子。"作为基层干部的代表，焦裕禄"心里只装着老百姓，唯独没有他自己"，这都是对党的宗旨的生动诠释。所以，领导干部唯有坚持"把老百姓看成父母"才能保持本色，释放正能量，尽到公仆的责任。

可是，有一些领导干部对人民群众没有真挚的感情，心里只有领导而没有人民，只有自己而没有他人，更有甚者还辱骂人民"给脸不要脸"，让人民伤心。无数事实都在证明一个真理，唯有我们将人民放在心中，人民才会将我们放在心中。唯有我们将人民视为亲人，人民才会将我们视为亲人。这一切的思想工作要从身边做起，从家庭成员的思想教育做起。

如今，部分领导干部无法将自己与人民的关系放正，认为自己高于人民，善于摆官架子，只关心政绩，不重视人民生活，无法和人民平等相待，更有甚者还损害人民利益，为党群关系、干群关系造成极为恶劣的影响，这种恶习甚至影响到了身边的亲朋好友。所以，领导干部应切实"把老百姓看成父母"，始终站在百姓身边，认真倾听百姓的声音，切实反映百姓的意愿，切实体会百姓的疾苦，多为百姓谋福利，多为百姓排忧解难，真正让改革的胜利果实广泛地惠及最广大的群众，让人民的生活更幸福。

国学名句集锦

人之行，莫大于孝。

——《孝经·圣治》

遵诲——父母命，行勿懒

> 《弟子规》："父母呼，应勿缓；父母命，行勿懒。"意思是，父母叫我们，要马上答应，不能够拖拖拉拉。父母吩咐的事，子女要立刻行动，不可推辞或拖延。这是对父母的一种恭敬和孝顺。

传统观念认为，接受父母的教导及经验教训，会让子女受用一生；不符合道德的、父母讨厌的事情，子女一定不能做。

战国时期，齐国人田稷深受齐宣王信赖，被封为宰相。三年之后，田稷辞了官职回到家中，下属赠其黄金百镒。田稷将这些黄金拿回去，献给母亲。母亲问田稷："你当了三年宰相，不可能攒这么多钱，这是从哪里来的呢？"田稷回答说："这是下属赠予我的。"母亲听后，马上不高兴地说："为人要注意培养自己高尚的道德品质。要做到诚信，就不应做不合乎道义的事情，不应当拿不合乎道义的钱财。如果你想孝敬父母，便应当诚信地做事，不然即为不孝！不合乎道义的钱财，并非我应当拥有之物；不孝的儿子，亦非我的儿子！你要是真的想尽孝

国学名句集锦

君子尊德性而道问学，致广大而尽精微，极高明而道中庸。

——《礼记·中庸》

心，就将这些金子拿走！"

母亲的这些话让田稷非常惭愧，于是田稷就把金子全都还给了那个下属，还到朝廷去请罪。齐宣王知道事情的原委之后，对田稷的母亲非常赞赏。于是，并没有定田稷的罪，还是让他当宰相，并用朝廷的金子奖赏了田稷的母亲。人们知道这件事情之后，都非常敬仰田稷的母亲，也赞赏田稷有错就改的做法。

一个人要养成高尚的道德品质，与其父母的培育及教导密不可分。有了父母的熏陶，方可形成正确的是非观念与优秀的思想品德，由此积累受益终身的精神财富。父母的模范作用，每时每刻都影响着个人的想法与做法，帮助个人形成正确的人生观，使个人慢慢迈向成熟和成功。

朱德对子女说："要努力学习马列著作和毛主席著作；要全心全意为人民服务，当好人民的公仆；要严格要求自己，不搞特殊化；要革命到底，做革命事业的接班人……"

朱德一直不知疲倦地学习马克思、列宁与毛泽东的著作，不管工作有多累，压力有多大，从来没有中断学习。朱德总是对儿女们说："马列主义、毛泽东思想是我们的精神食粮，一定要好好学习"，"活到老，学到老，还有三分学不到"。朱德用自己的言行，为子女们树立了一个努力学习马克思、列宁、毛泽东著作的好榜样。

朱德不但自己努力学习马克思、列宁、毛泽东的著作，而且常常引导和要求孩子们认真学习。1950年，朱敏还在苏联留学，只要放假回家，朱德都要问她有没有学习毛主席的著作。因为朱敏自幼在国外生活，中文不好，学习毛泽东的作品难度很大，朱德便戴上老花镜，让朱敏坐在他旁边，逐字逐句地教她念。朱德一边念一边解释，每讲一部分便问朱敏是不

国学名句集锦

孝子之有深爱者，必有和气。有和气者，必有愉色。有愉色者，必有婉容。

——《礼记·祭义》

是听懂了，要是看到她还有不懂的地方，便反复讲给她听，一直讲到她完全弄明白。

有一次，朱德给朱敏讲解《论人民民主专政》，在讲到其中阐述中国人在历经了许多困难之后，才发现了马列主义这个具有普遍性的真理的时候，对朱敏说："我们这一代人，不少人都经历过寻找革命真理这段历史，多少革命先驱者甚至为此牺牲了性命，你们现在学习马列主义条件这样好，多幸福啊！你一定要努力学习马列著作和毛主席著作。"

朱老总的孩子们也非常听话，始终秉承着父亲的教诲，努力学习、回报祖国。朱敏说："他老人家的谆谆教诲，始终铭记在我们后辈的心里，激励着我们不断前进。今后，不论在什么情况下，我都将牢记父亲的教诲，学习父亲的革命精神和高尚品德，继承父亲的革命意志，坚持走社会主义道路，为全人类的解放事业奋斗终身。"

对于党员干部来说，百姓就是自己的父母，不仅在家要听父母的教导，更要随时接受群众的监督。中共中央政治局常委、中央书记处书记刘云山同志在调研时强调，我们一定要搞好党的群众路线教育实践活动。而想要与群众打成一片，最主要的就是要站在群众的立场上思考问题，增强与群众之间的感情，接受群众的监督。

刘云山说，我们党对加强作风建设态度十分坚决，广大人民群众同样非常期待改进作风。践行党的群众路线，要求党员干部以作风建设为契机，与人民群众紧密地联系在一起。要顺应群众的意愿，诚心诚意接受群众的监督，以群众的满意作为工作的基本标准。

如果党员干部处理不好家庭生活中的种种问题，在家不遵从长辈的正当教诲，也无法对子女言传身教，何谈做好党政工作？做群众工

国学名句集锦

人之至亲，莫亲于父子。

——《汉书·高帝纪》

作首先应该从"心"出发，尤其是基层党员干部，无论是想问题还是办事情，都要学会换位思考，坚持群众需要什么、党员提供什么，设身处地为群众着想，为群众办实事，切切实实地让群众受益、让群众满意。只有发自内心地爱人民，才能有为民、利民的自觉自愿。各级党员干部一定要牢牢记住党的根本宗旨，真正弄清楚我们党的存在根基是什么，工作的目的是什么，才能视百姓为父母、为亲人，始终与群众坐在一条船上。

国学名句集锦

能媚我者必能害我，宜加意防之。肯规我者必肯助我，宜倾心听之。

——《格言联璧》

持恒——大孝终身慕父母

　　"大孝终身慕父母。"出自《孟子》。意思是说，至孝之人一生都敬慕父母。孝顺父母容易，能够坚持数十年如一日孝顺父母，敬重父母，是非常不容易的。

　　岳飞少年时，金兵南下入侵大宋，执政者昏庸无能，接连失败退缩，国家处于生死存亡的关键时刻。岳飞参加军队抗击金兵后没多久，父亲就去世了，这使他不得不离开军队回到家乡守孝。

　　1126 年，岳飞再次参军。临走之前，母亲将岳飞叫到身边，对他说："如今国家有难，你打算怎么做？"岳飞答道："到前线杀敌，精忠报国！"母亲听了他的话，非常高兴，这正是她对岳飞的期望。岳母决定将"精忠报国"四字刺在岳飞背上，让他始终铭记于心。岳飞脱掉衣服，将精瘦的后背露出，请母亲下针。母亲问道："儿子，针刺非常疼，你害怕吗？"岳飞答道："母亲，这小小的钢针不算什么，要是连针都害怕，如何上前线参战！"

　　母亲的鼓励对岳飞影响很大。他加入部队之后不久，便由于作战英勇

国学名句集锦

不得乎亲，不可以为人；不顺乎亲，不可以为子。

——《孟子·离娄上》

升为秉义郎。此时宋朝的都城汴梁被敌人团团围住，岳飞跟随副元帅宗泽前往解围，数次击退敌人，获得宗泽的赏识，夸他"智勇才艺，古良将不能过"，也让岳飞成了有名的抗金英雄。从加入军队到风波亭遇害，岳飞终生都在遵循母亲的教导，完成母亲的愿望，此即至孝。

汉文帝在历史上也是一个以"孝"著称的帝王。母亲患病，他既要日理万机处理国事，又要陪伴母亲。母亲吃药时，汉文帝都要亲自试药，之后才端到母亲面前；母亲三年未愈，他便三年不曾离开，始终陪伴在母亲左右，侍奉母亲。

许世友将军不到十岁就失去了父亲，母亲从此更为辛劳。有一次，许世友上山采野菜很晚才回去，看到母亲迎着冷风站在村口等他，心里非常难过，心痛地跪在母亲面前，哭着说道："娘，俺晓得你最疼俺，俺这一辈子不管有没有出息，一定尽心奉养您！"

许世友十六岁的时候，误伤了地主之子，地主与官府串通一气，四处抓捕他。一年之后，他偷偷回到家里，跪着对母亲说："娘，俺走后，让您老受苦了！"许世友参加革命以后，反动派对他恨入骨髓，多次抄了他的家，逼得母亲只好领着两个女儿逃往外地。有一天，许世友在行军路上，遇到了正在街上要饭的母亲与妹妹，非常难过，跪倒在母亲面前，声泪俱下："娘，孩儿不孝，连累您老人家无处安身……"

1949年，许世友已经成为山东军区的司令员，他将已经上了岁数的母亲接到身边。在含辛茹苦的母亲走下吉普车时，许世友喊了声"娘"之后，便在几十位官兵面前，泪流满面地跪倒在地。母亲怜惜地说："孩子，快起来，一个大将军，怎么能当着这么多部下跪我一个老太婆！"许世友说道："我当再大的官，还是您的儿，您老就让我多跪会儿吧，这样我心里好受些！"

国学名句集锦

父子不信，则家道不睦。

——唐·武则天

已经习惯于辛勤劳动的母亲，只在城里生活了不到一个月，就呆不下去了。1959年初，许世友非常想念母亲，便请假回家。他看见母亲背负柴草，立刻飞快地跑上前去，将柴草接了过来，跪下来对母亲说："娘，您这么大年纪了还上山砍柴，儿心里实在难过啊！"一直到母亲允诺不再去砍柴，他才站起来。

领导不只要把人民当成亲人，还要把人民当成父母，就像前外交部长李肇星所说，"老百姓是所有人的父母，因为物质文明、精神文明都是劳动人民创造的。"

在我国的行政体系中，基层干部是群众接触次数最多、关系最密切的干部群体，各项工作均与他们分不开，各项问题均要由他们来处理，从大政方针至家庭矛盾，群众遇到难题、遇到需求、遇到不平、遇到冲突，首先会去找基层干部，一个"小家"是不是安定，"家人"是不是团结，基层干部的使命感与工作能力起着决定性的作用。

要想让基层干部起到应有的作用，使其全心全意为老百姓做好服务工作，一定要持续提高他们的政治素养、道德品质及整体素质。应当持续提升其以身作则的水平，当好政策实施及创新实干的模范人物，并持续提高他们为人民服务的水平，使其始终把人民群众的利益挂在心间。另外，还应持续提升基层干部的整体协调水平，使其头脑清晰、灵活，能够及时看到矛盾，马上解决矛盾，当好百姓的调解员。

邓小平曾经说过："我是中国人民的儿子，我深情地爱着我的祖国和人民。"没错，老百姓就是"父母"，因为百姓把信任与权力赐予了干部。所以，干部身为子女，便理所当然地要一心一意孝敬父母，既要对父母付出真情实感，更要终其一生感恩。

国学名句集锦

父母教子，当于稍有知识时，见生动之物，必教勿伤，以养其仁；尊长亲朋，必教恭敬，以养其礼；然诺不爽，言笑不苟，以养其信。

——《六事箴言》

分忧——仁之实，事亲是也

"仁之实，事亲是也。"出自《孟子》。意思是说，仁的实质就是侍奉父母。无论对谁好，都不如真正踏踏实实对待自己的父母好。

北魏的花木兰自幼热爱武术，骑射、刀棍样样精通。这是因为花木兰的父亲曾经当过兵，一直将她当成儿子来教养。花木兰十几岁的时候，父亲便领着她到村子外面的一条小河旁边练习武术。闲下来的时候，她还经常翻阅父亲的兵书。北魏迁都洛阳以后，通过孝文帝的改革，社会进步，百姓生活稳定。可是，北部鞑然经常南下挑衅，于是国家下令每户出一位男丁参军。

花木兰的父亲年事已高，无法参军打仗，弟弟年龄还小，因此花木兰决定代父从军，并由此开启了其数年之久的兵营生活。到边境参军作战，对男子而言都非常艰难，何况花木兰既要隐藏身份，还要和大家共同作战。可是花木兰最终不辱使命，十多年之后得胜归来。皇上因其战功显赫，觉得可以为朝廷所用，便要给她封官。可是，花木兰并没有接受，而

国学名句集锦

事孰为大？事亲为大。守孰为大？守身为大。

——《孟子·离娄上》

是请求皇上让她回家去侍奉双亲。

这样为父母付出、分忧解困的行为是非常高尚的。国家用人属于公务，子女尽孝属于私德，二者看起来毫无关联，事实上却存在着紧密的关联。对党员干部来说，私德亦为官德，一个连孝顺父母都做不到的干部，怎么可能为百姓真心做事？怎么可能树立威望？假设任用不孝之人为官，老百姓又怎么可能过上好日子？

把百姓看成自己的父母，这是党员干部执政为民的具体体现。党员干部在家能够做到为父母分忧解难，走上工作岗位后才能对群众真心，只有对人民群众付出真情，尽心尽力为百姓办实事、办好事，才能永远得到人民的拥护和支持。

习近平2014年3月在兰考县考察的时候，曾经到"为民服务中心"去视察工作。当他看到墙上的"服务忌语"——"还没上班，谁叫你来这么早"等话语的时候说，基层的服务中心是现在普遍存在的机构，对于这种服务性工作来说，关键是要有实效，最根本是要有一颗为人民服务的心，就像焦裕禄一样。心态是一切问题的根源，只要把老百姓看成自己的父母、亲人，自然就不会说"忌语"。

把百姓当成父母，为群众工作就是为父母分忧，怀着这种心情，才能做好新时期的群众工作。在深化改革开放和发展社会主义市场经济的新形势下，我们党的执政条件和社会环境都发生了巨大的变化，党的群众工作也呈现出新的特点。从以往的群众听干部的话，干部怎么说、群众就怎么做，变成了现在的人民群众的需求给党员干部提供具体的工作方向，一切行动都要与群众的利益紧密相连。

党员干部只有在工作中始终坚持把一切工作的出发点和落脚点放在为人民服务上，多从百姓需求出发，少给百姓生活添麻烦，才能真正成为人民群众的好儿女。

国学名句集锦

孝子之事亲也，居则致其敬，养则致其乐，病则致其忧，丧则致其哀，祭则致其严。五者备矣，然后能事亲。

——《孝经·纪孝行》

勿烦——劳苦莫教爹娘受

> 《劝报亲恩篇》中说:"劳苦莫教爹娘受,忧愁莫教爹娘耽。"意思是说,不要让父母受苦受累,不要让父母分担你的忧愁。孝顺父母是为人子女的本分,不要为此感到厌烦。

据说舜的父亲是位盲人,在舜的亲生母亲去世之后,又娶妻生子。因为偏爱继室生的小儿子,便总是想要将舜害死,只要舜稍有小错便对其施以重罚。可是舜仍然孝顺双亲、友爱弟弟,从未有所懈怠。舜的头脑很好,每当父亲想要杀害他时,总是无法找到他,可是需要他做事情时,他却总是在身边守候着。

有一天,舜在仓库的屋顶上干活,父亲便放了一把火烧仓库,可是聪明的舜利用两个斗笠做翅膀,从仓库上跳下来逃跑了。之后,父亲又命舜掘井,舜早早地就在井中挖了一条可以通往其他地方的通道。当他挖到很深的地方时,父亲便同弟弟一块向井中倒土,意图将舜活埋在里面,可是舜又通过事先挖好的通道逃跑了。父亲本来认为舜已经死了,可是之后见

国学名句集锦

孝有三:大孝尊亲,其次弗辱,其下能养。

——《礼记·祭义》

到舜仍然还在人世，便虚情假意地问他："你去什么地方了？我们都非常想念你呢。"

父亲和继母、弟弟总是想尽办法置舜于死地，可是舜从来不跟他们计较，仍然一如既往地孝敬父母、友爱弟弟。舜20岁的时候，便以孝闻名于天下，当时的天子尧得知以后，便将自己的两个女儿都嫁给了舜，还将天子之位禅让于他，所有的老百姓对舜都十分拥戴。

父亲居心叵测，后母当面一套、背后一套，弟弟性情傲慢，他们勾结起来，意图将舜害死。可是，舜对父亲和继母仍然非常孝敬，对弟弟也非常友爱，始终不曾有一点怠慢，他的高尚品质让人十分敬佩。正是因为拥有如此宽阔的胸怀和对孝道不懈的坚持，从未为此感到厌烦，舜才能够获得尧的赞赏与重视，最终成为万人敬仰的明君。

孝顺，是指顺从自己的心意让父母感到顺心、安心。20世纪60年代初期，陈毅同时担任国务院副总理和外交部长之职，工作非常繁忙。有一次，陈毅刚从国外访问回来，听说母亲患了重病，一下飞机便马上去探望母亲。他一到家，便看到母亲让一旁的保姆将什么东西藏了起来，马上问道："娘，您把什么东西藏在床下了？"母亲见他已经发现了，只得实话实说，原来是她刚刚尿湿的一条裤子。陈毅听后，满怀深情地对母亲说："娘，您久病在身，我不能在您身边侍候您老人家，心里着实难受。这裤子我马上拿去洗了，还藏着做啥子？"

可是，不管陈毅怎么说，保姆也不让他洗裤子，认为让一位国家领导人去洗屎尿裤子太不合适了。母亲也劝他说："你好不容易回家一趟，一进门就让你洗脏裤子怎么行？"

陈毅说："我不是说着玩的，您就允了吧。我小的时候，不知您多少次给我洗尿布屎裤。现在，儿子有机会为您老人家洗一洗脏裤，虽然不能

国学名句集锦

夫孝者，善继人之志，善述人之事者也。

——《礼记·中庸》

报答您的养育之恩，也总算尽了一份孝心吧。"于是，不由分说地将母亲尿湿的裤子和别的脏衣服都拿出来，一起清洗干净。

百善孝为先，古时候有晋代王祥为继母卧冰求鲤、北宋大文豪黄庭坚为母亲刷洗便桶、南齐庾黔娄为父亲尝粪忧心，现代有陈毅探母等等。孝道是中华民族的传统美德，是构建社会主义和谐社会的重要内容。对于社会稳定，经济建设的发展，起着积极作用。

孝顺父母无疑是正确的，然而孝顺的方法应当把握好。正如李开复所说："对老人来说：长跪不如常探，用钱不如用心，记者不如记着。"如今，孝顺父母成为社会上的一个重大问题。随着年龄的增加，老年人对儿女的依赖性越来越强，他们希望得到儿女的陪伴与关心。可是，大多数儿女由于事业等各种各样的因素，无法经常陪伴于父母身边，他们大多通过金钱与物质来补偿。然而，老年人的孤独并非是可以变相补偿的，如果不能侍奉在父母身旁，如何能够让父母感到快乐，晚年安稳幸福，顺心顺意，可以说是包括党员干部在内所有做儿女的人都应该用心考虑的问题。

国学名句集锦

慢人亲者，不敬其亲者也。

——《三国志·魏书·司马朗传》

饱暖——薄父母，不成人子

《朱子家训》中有："重资财，薄父母，不成人子。"
意思是，看重钱财而薄待父母，不是为人子女的道理。

　　敬老、养老是我们中华民族的传统美德。中国的老年人多半生都在辛辛苦苦地为儿女付出，他们的白发与皱纹都是艰苦岁月的证明。虽然遭到了来自现实的多种压力与冲撞，可是中华民族传统美德当中的亲情和孝道，却一直流传于"中国式"的家庭当中。

　　有的人经常给父母打电话，有的人给父母买电脑、买手机，教会父母上网，有的人常常陪伴父母外出游玩……每一个人都有自己孝顺父母的做法，各不相同。那么，"孝道"究竟有没有一定的标准呢？

　　孝敬父母，首先，应当做到"能养"，也就是让父母衣食无忧；其次，要做到"无辱"，也就是不做让父母感觉羞耻的事情；最后，要做到"尊亲"，也就是发自内心地尊敬父母。

　　就父母而言，心理方面的需要主要包括以下三点：首先，期待子女有本事，其实更期待子女当一个好人；其次，如果情况允许，一定要生儿育

国学名句集锦

慎终追远，民德归厚矣。

——《论语·学而》

女，使父母看到血脉的延续；最后，经常陪伴父母。中国文化研究院副院长郭招金说："现在的社会是小家庭化，比如北京，有40％的家庭是空巢家庭，我们现在可能都没办法和长辈住在一个城市，甚至一个国家。因此，我们要经常回去看看，这是我们力所能及的。"

《礼记》对儿女怎样在生活当中对父母尽孝心，做了很好的指导。《礼记·内则》提出，"子事父母，鸡初鸣，咸盥漱，栉縰笄总，拂髦冠緌缨……以适父母舅姑之所，及所，下气怡声，问衣燠寒，疾痛苛痒，而敬抑搔之。"也就是说，身为儿女，每天一大早便要起来把家里打扫得干干净净，之后梳洗打扮得整整齐齐，来到长辈的房间外，柔声细语地问候他们夜间睡得是否安稳。如果他们没有睡好，便要找到原因，马上想方设法处理。如长辈身上有发痒的地方，还应当为他们抓痒。另外，父母起来之后，儿女应当"进盥，少者奉盘，长者奉水，请沃盥，盥卒，授巾。问所欲而敬进之，柔色以温之。"在父母患病的时候，儿女必须亲自在父母身边照顾，不但要耐心地喂水、喂药，还要注意自己的一言一行。

在此类具体的礼仪规定背后，隐含着古时候人们侍奉父母的孝心。《礼记·内则》引用曾子的话说："孝子之养老也，乐其心，不违其志，乐其耳目，安其寝处，以其饮食忠养之。"也就是说，儿女对双亲不但应做到生活中的照顾和礼仪方面的敬重，还应做到精神方面的抚慰，让双亲不缺吃少穿，且使其心情愉快，乐享生活。这才是制定大量孝顺父母礼仪的终极目标。

一个人在社会上有了一定地位之后，父母是否还可以把他当成子女来看待呢？换言之，一个人在社会上有了一定地位之后，还要不要对父母尽孝呢？

战国时弟子咸丘蒙问孟子："有一句俗话，'道德最高的人，君主不能

国学名句集锦

子孝父心宽。

——《增广贤文》

当他是臣，父亲不能当他是子。'舜就是这种人。他做了天子，尧便率领诸侯朝见他，曾经虐待他的瞽瞍也朝见他。"孟子说："你的理解是有误的。首先尧活着的时候，舜并没有做天子，而是等到尧死后才做的天子。虽然说'普天之下莫非王土，率土之滨莫非王臣'，但舜的父亲并不算是普通的臣民，因为舜还是把父亲当自己的长辈的，不然不会接受跪拜就感到局促不安。孝子孝顺到了极点，还是要从根本上尊敬双亲的，尊敬双亲的极限无非就是以天下来奉养父母。"

但是纵观历史，不管古代还是现代，国内还是国外，还是有一些人都是一朝身居高位，获得了优越的社会地位之后，就把亲生父母忘得干干净净，更有甚者觉得父母地位太低，对自己影响不好，让自己丢了面子，不但不去侍奉父母，甚至还不认自己的父母，根本不管父母的基本温饱，这些行为显然是非常可耻的。

对于党员干部来说，连自己的父母都不去孝敬，对父母最基本的要求都无法满足的话，也将是非常令人不齿的。这样的党员干部，对自己的亲生父母都没有感恩之心，更不用说对国家和人民尽心服务了。可见，将孝作为考察党员干部的标准之一，是非常有必要的。

国学名句集锦

衣食以厚民生，礼义以养其心。

——元·许衡

及时——子欲养而亲不待

"树欲静而风不止，子欲养而亲不待也。往而不可追者，年也；去而不可得见者，亲也。"出自《孔子家语》。意思是，子女想好好赡养父母，可父母却不在了！流逝而去不能追回的是岁月，逝去再也见不到的是亲人。这是告诫子女对父母尽孝应当及时，要趁着父母还健在的时候，而不要等到父母离开人世后才想起。

有一次，孔子出行途中，听到有人哭得十分悲伤。孔子说："快赶车，快赶车，前面有贤人。"走近一看，是皋鱼身披粗布抱着镰刀，在道旁哭泣。孔子下车对皋鱼说："你家里莫非有丧事？为什么哭得如此悲伤？"

皋鱼回答说："我年少时为了求学，周游诸国，疏于照顾亲人，这是一个过失；为了我的事业理想，一心为君主效力，没能孝敬好父母，这是过失之二；和朋友交情深厚，却疏远了亲人，这是过失之三。树想静下来可风却不停，子女想好好赡养父母可父母却不在了！过去而不能追回的是岁月，逝去而再也见不到的是亲人，就让我从此离别人世去陪伴逝去的亲

国学名句集锦

父母在，不远游，游必有方。

——《论语·里仁》

人吧。"

孔子听后感慨万千，便对弟子们说："你们要引以为戒，这件事足以使你们明白其中的道理！"这件事后，辞行回家赡养双亲的孔子门徒就有十三人。

对邓小平来说，夏伯根既非其亲生母亲，亦非其养母，而是后母。邓小平对这位刚直坦率、心地和善、不怕辛苦、努力劳动的后母非常尊重与热爱。

邓小平15岁的时候，沿着长江南下，离开重庆，离开四川。后来，他统领声势浩大的队伍解放大西南，再次回到四川，回到重庆。解放四川之后，邓小平担任中国共产党西南局第一书记，镇守重庆，为一方高官。此时的邓小平已经45岁了。在拥有了一个稳定的家庭之后，邓小平便担负起了奉养后母夏伯根的责任。

邓小平调到北京工作之后，将后母也一起接了过去。在和邓小平一起生活的那些日子当中，邓小平和妻子卓琳对她就像亲生母亲一样，不管吃的、穿的、用的，都照料得非常周全，让她得以安享晚年。特别是邓小平遭到"流放"，在江西住"牛棚"的那段时间，他既担心妻子的身体，又舍不得让已经上了年纪的后母再干重活，只好一个人担负起了所有的家务劳动，砍柴、生炉子、打扫卫生之类脏活累活都是他亲手去做。邓小平的继母最终以101岁的高龄辞世，这与邓小平和妻子卓琳对她一如既往的热爱、尊重、关怀及照料，是密不可分的。

所有忠实厚道的子女，都曾经有一个向双亲尽孝的宏伟心愿，认为将来的日子还长着呢，认为只要条件成熟自然可以做到，认为自己一定有事业有成、荣归故里的那一日，能够慢慢孝敬父母，却忘记了时间的残酷，忘记了人生苦短，忘记了这个世界上还有没有办法回报的恩情，忘记了生

国学名句集锦

虽有慈父，不爱无益之子。

——《墨子·亲士》

命本身的脆弱。孝敬父母不能等待、不能重来，所以，要趁着父母健在，多尽一份孝道。

季羡林先生在读大学的时候，他的母亲辞世了，因为遗憾，他在回忆母亲时写道："当我从北平赶回济南，又从济南赶回清平奔丧的时候，看到了母亲的棺材，看到了那简陋的屋子，我真想一头撞死在棺材上，随母亲于地下。我后悔，我真后悔，我千不该万不该离开了母亲。"

也是因为遗憾，萧乾先生回忆自己的母亲时说道："就在我领到第一个月工资的那一天，妈妈含着我用自己劳动挣来的钱买的水果与世长辞了。"老舍先生也曾因遗憾而发出"唉，还说什么呢，心痛！心痛！"的感慨。可以说，他们在自己的事业上都算是成功者，但父母过早离世，给他们的心底留下了永远且无法弥补的遗憾。

著名作家毕淑敏说："对于我们的父母，我们是永远不可重复的孤本。"她还说："如果我们不存在了，他们就空留一份慈爱，在风中蜘蛛般飘荡。如果我们生了病，她们的心就会皱缩成石头，无数次向上苍祈祷我们的康复，甚至愿灾痛以十倍的烈度降临于他们自身，以换来我们的平安。"

无论是父爱还是母爱，都是非常伟大的，普通人可以做到及时地奉养双亲，对于广大的党员干部来说，则不仅仅是奉养自己的双亲这么简单，将这种感情和责任推广开来，则是在执政过程中尽可能多地贴近老百姓，关心老百姓疾苦。

国学名句集锦

人不孝其亲，不如禽与兽。

——《劝孝歌》

第四章　夫　妻

　　中国共产党历来要求党员干部管好自己的配偶和子女等身边人。中央曾经多次强调，领导干部要树立正确的权力观，因为领导干部手中的权力是人民赋予的，只能用来为人民谋利益，绝不能把它当作自己和家庭成员牟取私利的手段。党员干部应充分而深刻地领会中共中央在此方面规定的重要意义，能够认真而自觉地履行自己的义务，正确使用手中的权力，从而赢得群众的信任和拥护。

◎**互爱**——君子之道，造端乎夫妇

◎**互谅**——人非圣贤，孰能无过

◎**互助**——贤妇令夫贵

◎**互省**——妇不贤，则无以事夫

◎**避嫌**——妻贵于室

◎**互重**——糟糠之妻不下堂

◎**互敬**——唇齿相依关共运

◎**互励**——君子以自强不息

互爱——君子之道，造端乎夫妇

　　孔子曰："君子之道，造端乎夫妇。"意思是说，一切的大道理，都要从夫妻之间的相处开始。从夫妻的相处中，可以得出很多为人处世的道理，也可以看出一个人的道德品质。

　　汉代的张敞出身于官宦之家，也曾经担任过不少官职。然而，张敞被后人所称赞的不是他的政治功绩，却是其与妻子之间的事情。《汉书·张敞传》记载："（敞）又为妇画眉，长安中传张京兆眉怃。有司以奏敞。上问之，对曰：'臣闻闺房之内，夫妇之私，有过于画眉者。'上爱其能，弗备责也。"

　　在官场上身居要职的张敞，竟然在家中为妻子描眉，并且还将这件事情传了出去，搞得满城风雨。皇上便询问张敞这件事情是不是真的，张敞非但不隐瞒，反而愈发直接地说：夫妇之间在闺房里面所做的事情，还有更甚于描眉的呢。言下之意就是，假如为妻子描眉也算得上罪行，那么和妻子行床第之欢不就罪大恶极了吗？以此用反证法含蓄地道出了"卫道

燕尔新婚，如兄如弟。

——《诗经·邶风·谷风》

者"的荒谬。从那以后，给妻子描眉就成了夫妇之间感情好的表现。

伟人的家风一直是世人的榜样。周恩来与邓颖超是革命前辈中的模范夫妻，他们归纳出处理夫妻关系的"八互"经验——互敬、互爱、互学、互助、互让、互谅、互慰、互勉。周恩来的侄女周秉德说："伯父要求我们要和全国老百姓一样过简朴日子。"伟人的家风拥有一个相同的特征，即要求家人为人低调、清正廉洁、普普通通、遵纪守法、自强自立、讲究诚信、刚正不阿……这样的家风让大家心怀景仰。向上、健康、正面的家风，对家人在自身修养、道德操守这些方面具有重要且正面的意义。

家庭是社会的根本组成部分，是每个人的第一所学校。如同习近平所说的，不管时代发生怎样的变化，不论生活格局发生怎样的变化，我们始终要将目光放在家庭建设上，注重家教、家风，这对领导干部的日常生活甚至政治前途而言，尤为重要。

最近几年，频繁出现夫妇一起贪污、孩子一起受贿之类"家族式腐败"的情况，这种问题需要引起整个社会的警醒。出现问题的领导干部通常家风不正、缺乏家教，家人之间彼此影响、恶性循环，导致了"家族式窝案"与"家族式腐败"的出现。部分党员干部的家风不正，已经成了作风问题和腐败现象发生发展的根本原因。家风不正，不但个人贪婪无度，而且在亲情面前失去了原则和底线，家庭最后变成了权钱交易的地方。家风不正，还极大地影响了党风与政风，损害了党的事业。

家风与党风、政风密不可分，家风系党风、政风的内在因素。家风的优劣，直接影响到党员干部自身的道德品质，甚至影响到党风、政风及整个社会的风气。所以，只有维持家风的良好，方可确保党风的良好。要拥有健康的家风，一定要在家中打造积极、守法、不重名利、和谐温馨的环境。作为党员干部，更需要注意家风的营造，夫妻之间互敬互爱，只有拥

国学名句集锦

爱人者不阿，憎人者不害，爱恶各以其正，治之至也。

——《商君书·慎法》

有良好的家庭氛围，才能使党员干部在管教亲人方面起到带头作用；保持家风的纯正清白，就是要用优良的家风培养优良的作风、党风和社会风气。

　　家风是一个家庭的品格与形象，更是一个家庭的灵魂。所有的家庭都应当推崇提倡正直、正面、向上的家风，摒除不正当的、丑恶的、负面的家风。领导干部应当率先树立良好的家风，让家人建立正确的价值观，使家风端正，打造当今社会的家风文化，使社会主义核心价值观在家庭里面扎根，在亲情里面提高，传播正能量。

国学名句集锦

爱人以除残为务。

——《后汉书·梁统传》

互谅——人非圣贤，孰能无过

"人非圣贤，孰能无过"，这是一句常被我们提及的名言，出自《左传》，原文是："人谁无过，过而能改，善莫大焉。"普通人并非圣贤，谁能避免犯错误呢？犯了错误能够改正，这就是好的。

一代才女卓文君对音乐十分精通，擅长弹琴，可惜命运弄人，她早年丧偶，在父亲卓王孙家中守寡。有一天，司马相如去卓王孙府上做客，并为大家弹琴助兴，卓文君闻声前来，藏在门后观望，被司马相如看到。他看卓文君长得漂亮，便弹了一曲《凤求凰》吸引她的注意，卓文君为琴音所动，又见司马相如气度非凡，便也动了心。

宴会结束之后，司马相如买通卓文君的仆人，表明心迹，卓文君领会了他的意思，当晚便收拾行李，和司马相如私奔。卓王孙发现之后非常生气，便切断了女儿的经济来源，不再和她来往。司马相如家中十分穷困，卓文君没有办法，只好和司马相如开了一家酒馆维持生计，且亲自当垆卖酒。卓王孙感到自己颜面受损，只好将家中的侍者和家财分给卓文君，帮

国学名句集锦

过而能改者，民之上也。

——《国语·鲁语上》

助卓文君稳定了生活。

司马相如依靠自身的才学，特别是《子虚赋》和《上林赋》，博得了汉武帝的赏识，两人的生活变得更加富足。然而，传说司马相如飞黄腾达之后，曾经产生过喜新厌旧的想法，意图纳妾，卓文君做了一首《白头吟》给他，司马相如看了以后深感愧疚，便打消了这一想法。

夫妇之间最重要的是宽容。良好的婚姻关系是在理解之上宽容，而非在争执中维系。我们对待他人都可以做到宽容，对待自己的另一半又为何做不到呢？有些人认为，既然已经结为夫妇，就不再是外人，只要踏踏实实过日子就可以了，还谈什么理解不理解呢？既然你是我的妻子，我语气差一点有什么大不了的；既然你是我的先生，我唠叨一点又有什么大不了的呢。其实，正因为是夫妇，才更应当彼此理解，唯有彼此理解方可彼此支持；正因为是夫妇，才更应当彼此尊重，唯有彼此尊重方可携手前进。

在生活当中，矛盾是无可避免的，夫妇之间发生争执十分正常。然而吵架并非目的，而是途径，要经过吵架达到彼此理解，最后达到和谐统一，彼此宽容的目的。谁都有心情不好的时候，比方说工作不顺心，在外面和别人发生争执等，大家极易把这些负面情绪带到家中，把它们转嫁给家人，事实上这些负面情绪并非家人造成的，为何要他们来承受呢？可是身为亲人，如果可以谅解对方的不开心和烦躁，在这种情况下不和他发生冲突，而是给予更多的宽容，不是更好吗？如果在夫妇之间，一定要争一个高低，一定要谁服了谁，或者怕了谁，又有何意义呢？

深圳检察机关公布了最近三年以来，当地女性职务犯罪的大致情况。经过分析可以看出，最近三年以来，女性职务犯罪的数量呈显著的上升趋势，女性犯贪污罪及挪用公款罪的比例很大。检察机关工作人员指出，女性职务犯罪体现出来的许多问题值得人们深思，且提出要对女性的内心给

国学名句集锦

人患不知其过，既知之不能改，是无勇也。

——唐·韩愈《五箴序》

予更多的关怀，"尤其是来自家庭的温暖，十分有利于女性在心中坚守廉洁的底线"。

客观地说，深圳出现的这种情况是具有某种代表性的，它反映出女性家庭生活美满与否，与任职过程中能否清正廉洁的莫大关系。可是，即便情感世界空虚，女性干部也应当洁身自好，不能通过贪污或者挪用公款来予以充实。不然，不仅无法获得幸福的情感生活，还将"一失足成千古恨"，追悔莫及。

这种情况的出现，可能与女性干部比男性干部更重视家庭、更为感性有关。家庭幸福美满，不存在生活压力，或许她们在工作上就更开心、更努力。如果情感空虚，她们就可能把精力转移到工作中来。更有甚者，将来自家庭的不满情绪发泄到工作上来，以贪腐来满足其虚荣心，获得一种寄托，然而这样的寄托犹如饮鸩止渴，早晚将使其身败名裂。

法律是平等的，无论身处何职，只要触犯法律就要承担责任。因此，作为一名女性干部，应当格外珍惜自己的工作岗位，脚踏实地地工作，特别是情感空虚的，更应当摆正心态，千万不能因一念之差遗恨终生。我们的党政机关亦应当及时了解党员干部的生活情况，予以关怀与指引，使女性干部走出情感的阴影，积极向上地工作与生活。

社会的稳定，人民生活品质的提升，是要有一个美满的家庭为根基的，尤其是党员干部的家庭和谐，更为重要。社会的和谐，说到底还是取决于各个家庭有没有形成彼此尊重、彼此忠诚的氛围，这是需要每一个家庭成员都付出努力，才能营造出良好的氛围，从而对整个社会的发展有所助益的。

国学名句集锦

知过能改，便是圣人之徒；恶恶太严，终为君子之病。

——清·王永彬《围炉夜话》

互助——贤妇令夫贵

《增广贤文》中说："贤妇令夫贵，恶妇令夫败。"意思是，贤惠的妻子会让丈夫自信、有地位，恶妇会让丈夫自卑、毁前程。

夫妻之间应当互助。何为互助？就是一方要干什么正确的事情，另一方就要全力支持；一方要去什么地方，另一方如果有时间就陪同；一方生病，另一方要关怀照顾……

朱元璋的皇后马氏"有智鉴，好书史"，她很小的时候就失去了母亲，父亲在杀人避祸时，将马氏托付给郭子兴夫妻，于是马氏便成了郭子兴的养女。后来，郭子兴将马氏嫁给了在战场上十分勇猛的朱元璋。郭子兴性格暴烈，心眼又小，因受他人挑拨将朱元璋关押起来，还不给饭吃。马氏把刚出锅的热饼偷出来藏在衣服里面拿给朱元璋吃，还因此将皮肤烫伤。在朱元璋率兵打仗期间，马氏还亲自给将士们缝制衣服和鞋子。有一次，与朱元璋敌对的陈友谅兵临城下，很多人都准备逃跑、人心惶惶的时候，马氏却仍然冷静，"尽发宫中金帛犒士"，稳定军心，为朱元璋获胜发挥了

国学名句集锦

天之所助者，顺也；人之所助者，信也。

——《周易·系辞上》

关键作用。

在朱元璋打江山的那段时间，马氏与他同甘苦、共患难。所以，朱元璋称帝之后，对马氏始终十分尊敬感激，对马氏提出的建议通常都可以仔细听取并采纳。朱元璋多次试图寻找马氏的亲属进行封赏，均在马氏的劝说之下放弃了。朱元璋性格残暴，为了巩固朱家世世代代的帝位，经常借机杀戮有功之臣。对于这一点，马氏经常好言相劝，让朱元璋克制了不少。

马氏始终坚持以前艰苦朴素的作风，平时穿破的旧衣物总也舍不得扔掉，还教育嫔妃们不要忘记种桑养蚕的辛苦，多体恤百姓。每逢灾荒年月，马氏便率领宫人们吃粗茶淡饭，以此来与百姓同甘共苦。1382 年，马氏因病逝世，她在生命的最后时刻，还在反复叮嘱朱元璋要"求贤纳谏，慎终如始"，并希望"子孙皆贤，臣民得所"。

马氏对待孩子们也非常宽仁慈爱，鼓励他们勤于学业，要求他们过朴素的生活，出现物质攀比的便进行批评教育，还将皇宫里面使用旧材料做出的被子和褥子拿给孩子们用，并告诉他们：你们出身于富贵人家，不明白纺织的艰难，应当爱护东西。即便是对待养子，马氏也一直像对待自己的亲生子女一样体贴爱护。

相比古人的妻贤、妻德，最近几年来，党员干部的妻子、儿女、亲属腐败类案件越来越多，而且大部分为家族式犯罪，牵扯的范围大，影响非常不好。有数据显示，80％的干部贪腐案件都与亲属密不可分，且贪腐官员普遍家风不正，有的是贪腐"父子兵"，有的是弄权"夫妻店"，甚至还有"全家都贪、全家都腐"的现象。

已经有大量事实说明，很多落马干部的配偶、儿女、亲戚均是推动其走上贪腐之路的"帮凶"。党员干部的家人受到教育，对他们的工作就会

国学名句集锦

上有隐事遗利，下得而利之；下有蓄怨积害，上得而除之。

——《墨子·尚同中》

更加理解和支持，不但提醒自己不搞"一人得道，鸡犬升天"，还能做好"家庭纪委书记"，监督和提醒党员干部，协助党员干部严格要求自己，不滥用权力，在仕途上顺利的同时也能拥有一个美好的家庭。

执掌权力的领导干部并非草木，也有感情、有欲望、有亲戚朋友和各种社会关系。可是对领导干部而言，亲戚朋友是一个需要特别注意的难关与"门槛"。在大量贪污腐败案件里面，不少领导干部的落马，实际上都和亲戚朋友密切相关。有一些领导干部是与亲戚朋友一起直接参与贪污腐败，还有一些党员干部自己并不直接参与，而是让亲戚朋友到处"揽活"，贪污腐败的范围日益扩大，自己头上的权力光环也笼罩得越来越厚，最后不仅亲戚朋友受到了法律的制裁，自己也被拉下了马。

对于党员干部来说，夫妻之间理应互相提醒、互相帮助，无论是否存在贪腐问题，都要客观评价、审视自己，帮助对方挣脱私欲的泥淖。权力是一把双刃剑，把握好了就能为人民创造财富，能给党和国家的建设做出贡献，能使党的队伍拥有更强的生命力。把握不好既破坏了社会的公正，又损害了我们党及国家的形象，成了党与国家建设发展的障碍。与自己越亲密的人，越应当警戒与教育，就党员干部而言，树立健康的"家风"，是当官的第一步，也是非常关键的一步。

国学名句集锦

教妇初来，教儿婴孩。

——《颜氏家训》

互省——妇不贤，则无以事夫

　　"夫不贤，则无以御妇；妇不贤，则无以事夫。夫不御妇，则威仪废缺；妇不事夫，则义理堕阙。方斯二事，其用一也。"出自《女诫》。意思是，丈夫如果德行不好，就没有办法处理好与妻子的关系；妻子如果不贤良淑德，就无法更好地协助丈夫。丈夫处理不好与妻子的关系，威仪就废失了；妻子不贤淑，道义就废失了。这两者均不可废失。

　　周代的答子在陶地当官到第三年时，政绩平平，家产却多出了三倍，他的妻子怎么劝说都没有用。答子当官五年之后，衣锦还乡，乡亲们都为他庆贺，可是他的妻子却抱着儿子大哭："能力小而官位高，必然遭遇祸害；无功绩而小家富，必然积累灾殃……丈夫治理陶地，家富而国穷，君主不看重他，人民不拥戴他，这个家败亡的征兆越来越明显。"这些丧气话让她的婆婆非常生气，便把答子的妻子赶了出去。一年之后，答子真的因贪污无德而被满门抄斩，唯有他的母亲因年事已高而得到了赦免。

────────── 国学名句集锦 ──────────

吾日三省吾身，为人谋而不忠乎？与朋友交而不信乎？传不习乎？

——《论语·学而》

没有人不知道"良药苦口利于病"的道理，然而在家庭生活中，又有多少夫妻懂得互相警醒和劝谏呢？令人感到十分可笑而又可悲的是，当前很多贪腐干部的落马，都是由于与情人产生经济方面等矛盾而遭告发，致使干部们纷纷栽在情人手上的事情频繁出现，如女博士常艳的纪实体小说，使中央编译局原局长衣俊卿遭到免职；内蒙古高官王素毅因情妇们联名举报他贪污受贿、包养大学生和记者，被开除党籍公职。

权力运用得当、运用正确，能够给国家和群众带来好处，能够为党及国家的繁荣发展做出贡献；运用不当、不正确，便将为国家带来重大损失，使群众的利益遭到无法弥补的损害，并将极大地影响党和政府的形象。权力应当怎样运用？权力应当怎样制约？这是现今党风廉政建设的一个重大课题。

拥有权力不能够任意妄为，如果任意妄为，必将受到党的纪律及国家法律的严惩，对已经落马贪腐干部是这样，对目前还在各自的岗位上工作与服务的大多数领导干部而言，更是这样。把握住权力，不但应当让其他人监管，还应当进行自我约束，首先应当管理好自己，才能去管理他人，这对认识权力非常重要。夫妻之间要互相监督，互相影响，帮助对方反省，进行自我批评，保持家庭的先进性。

家庭是社会的基本组成部分，也是个人成长的首要环境。一个家庭的家风是否端正，不仅关乎家族的荣誉与耻辱、兴盛与衰败，也关乎国民的道德修养及国家的发展程度。国家的栋梁之材来自家庭的"苗圃"，成千上万个家庭的风气良好，国家的风气方具备良好的根基，国家的发展才拥有不断涌现的推动者和建设者。在目前全国人民进一步实践社会主义的核心价值观的情况之下，提倡建设良好的家庭风气特别重要。核心价值观既

国学名句集锦

三日入厨下，洗手作羹汤。未谙姑食性，先遣小姑尝。

——唐·王建《新嫁娘词三首》

非标语，也非教条，唯有深入我们平时的生活当中，表现在每个人的亲力亲为中，方可产生欣欣向荣的活力。

家庭是生活的地方，更是培养自身道德品质的地方，中华民族的儿女拥有极强的家国意识，自古便追求"修身、齐家、治国、平天下"。其中，"齐家"是必不可少的一环。就夫妻的角度而言，应成为对方成长道路上的监督者和监护者，让我们党提出的建设良好的家庭风气，真正能落在实处，体现在实际工作中。

国学名句集锦

唯以改过为能，不以无过为贵。

——《资治通鉴》

避嫌——妻贵于室

> 俗话说：亲不过父母，近不过夫妻。所以，《仪礼·丧服》中说："夫尊于朝，妻贵于室矣。"也就是说，丈夫做了高官，地位提升，妻子也随之尊贵。同理，妻子的所作所为也影响着丈夫的仕途。

长孙皇后的哥哥长孙无忌是唐代开国元勋，曾追随唐太宗李世民征战南北，参加过玄武门之变，协助他夺取皇位。李世民十分信任长孙无忌，"委以腹心，出入卧内"，而且意图让他担任宰相一职。对于这件事情，长孙皇后始终不赞成，她觉得必须吸取前朝因外戚专权而灭亡的深刻教训。长孙皇后临终之前，还惦记着这件事情，对李世民说："我的家族之所以飞黄腾达，原因是幸运地成为了皇帝的姻亲，他们既然并不是因为有德性有能力而被百姓推举出来的，所以就容易在任职的过程中出现危机。为了使氏族子孙永保平安，恳请皇帝一定不要让我的族人担当权要之职，以外戚的身份得到奉养就已经足够了。"

国学名句集锦

礼者，所以定亲疏、决嫌疑、别同异、明是非也。

——《礼记·曲礼上》

同为皇帝身边的女人，杨玉环就没有这种制约外戚的思想，这不仅葬送了其自身的性命，甚至造成了"安史之乱"的爆发。根据史书上的记载，杨玉环并不喜欢政治，极少参与政事，可是其兄长杨国忠却高居相位。而且，杨玉环的哥哥姐姐都极尽奢华。据《明皇杂录》记载："上将幸华清宫，贵妃姊妹竞车服，为一犊车，饰以金翠，间以珠玉，一车之费，不下数十万贯。"

领导干部要注意避嫌。避嫌不仅避的是群众的眼睛、纪委的监督，更是自己和家人内心的贪欲。家庭风气与党风、政风、民风紧密相连，即家事与国事相连，家风与世风相连；家庭是建设优良的党风、政风、民风，宣传文明的主要场所；清廉的作风可以引领正派的家风，正派的家风又可以培养清廉的作风。

古人有云："齐家而后国治""一屋不扫，何以扫天下""妻贤夫祸少，子廉父心安"。对于一名党员干部而言，更应当这样，要正心、修身，之后方可齐家，最后才能治国平天下。如果自己不正派又不修身、一屋不扫，又如何能够齐家及扫天下呢？如果连自己和家人都管不了、管不好，就不可能管理好一个科室、一个机关、一个地方了，更不可能治国平天下，反而会为害天下。

通过已经调查处理的重大案件可以发现，有的人之所以步入到贪污腐败的道路甚至"全家腐"，主要原因之一就是自身不正、家风不正。可以说，这些人入党从事政治工作的目的就是当大官、发大财，只要手里抓住一定的权力，便肆无忌惮地为自己及亲朋好友牟取私利，有些是"夫妻帮"，有些是"父子兵"，还有一些甚至全家总动员，最终毁掉了自己，毁掉了家庭。

国学名句集锦

君子防未然，不处嫌疑间。瓜田不纳履，李下不整冠。

——三国·魏·曹植《君子行》

　　通过家风这类的小事，革命前辈所拥有的光明磊落的思想、崇高的道德品质、高尚的风度气派被体现出来。可以说，良好的家风是领导干部正心、修身、齐家的一面镜子。所以，每一位党员干部尤其是领导干部，都应当将这些伟人当镜子，仔细对照检查自身的所作所为。唯有不断正心、修身、齐家，把握好自己，把握住家人，不以权谋私，主动摆好自己和家风、党风、政风、民风之间的关系，才能切实为国为民掌好权、用好权。

　　　　　　　　　　　　国学名句集锦

　　避嫌远疑，所以不误。

　　　　　　　　　　　　　　　　　　　　——《素书》

互重——糟糠之妻不下堂

> 《后汉书·宋弘传》中有这么一句话:"贫贱之知不可忘,糟糠之妻不下堂。"说的是患难与共的人是最为难得的知心好友,一起白手起家、陪自己吃过苦遭过罪的妻子虽然人老珠黄,却是人生的宝贵的财富,不能休弃。

东汉初期,光武帝起用侍中宋弘,并升任其为"太中大夫"。光武帝寡居的姐姐对宋弘十分中意,光武帝也有意让宋弘娶他的姐姐,便试探宋弘,问他对"贵易交,富易妻"这种思想怎么看。宋弘说:"贫贱之交不可忘,糟糠之妻不下堂。"于是,光武帝嫁姊的念头只得打消。

"少年夫妻老来伴。"真正和谐融洽的婚姻关系,应当是彼此尊重、不离不弃的。夫妇之间真正的尊重应为指引与协助另一半步入正途。可是事实上,许多人并非如此。习近平在中央党校的县委书记培训班上说:"当官就不要发财,发财就别想着当官。""当官和发财是两条路",这是一条从古到今做官的戒规,党员干部要每时每刻都铭记于心。

在部分贪腐干部的心目当中,为官就是运用手中的权力牟取私利,

国学名句集锦

夫妇节而天地和,风雨节而五谷熟,衣服节而肌肤和。

——《墨子·辞过》

"有权不用枉做官"，"有权不用过期作废"。权力的关隘一经突破，欲望的关隘一旦泛滥，便将无法控制。就像广州原副市长曹鉴燎通过受贿获取的别墅，用来与情妇约会，真是令人可叹。当行贿者用"糖衣炮弹"打开党员干部那道贪欲的大门之后，各类桃色丑闻、养情人、包二奶的情况便泛滥起来了。

除此之外，也有一些只能同甘的"内人"，不仅不能帮助家人迷途知返，不敬、不重、不能成为"贤内助"，反而成为其贪腐路上的推手。最近几年，夫妇一起贪污腐败的案件频繁出现。干部本身的道德修养无疑需要提升，但他们身后起推动作用的另一半也不无责任，最后也无法逃脱法律的制裁。

2014 年，全国政协原副主席苏荣落马后，有媒体报道，苏荣在担任江西省委书记期间，他的第二任妻子于丽芳经常干涉当地的矿产、土地、房地产、工程等多项工作。当地的很多党员干部通过向于丽芳行贿，变相贿赂苏荣，从而获取苏荣的信任与升官的机会。根据因贪污腐败获刑的江西安远县原书记邝光华的证词，于丽芳对安远的钼矿非常感兴趣，意图将其买下来，曾经派人至赣州商量此事，还让邝光华从中协调，予以促成。

2014 年，人大委员、云南原省委书记白恩培因涉嫌严重违纪违法被调查。不久，其妻张慧清的云南政协委员资格被撤销。张慧清为白恩培的第二任妻子。有媒体称，张慧清本来是一位服务员，在与白恩培结婚之后，从服务员开始，一直爬到了云南电网公司书记的位置上。据说，所有和张慧清关系好的人，干部升迁，生意人发财。四川汉龙集团老总刘汉和白恩培相识以后，也采取"夫人路线"。据说，刘汉给白恩培拜年的时候，还赠送其钻石等昂贵的礼物。

另外，安徽原副省长王怀忠及其妻韩桂荣，因涉嫌受贿罪一起被逮捕

国学名句集锦

人之有德于我也，不可忘也；吾有德于人也，不可不忘也。

—— 《战国策·魏策四》

归案；湖北原副省长孟庆平，曾经七次经其妻郑秀英之手收受生意人庄某的贿赂，计人民币 14.5 万元，港币 10 万元；牡丹江公安局原局长韩健和黑龙江海事局原书记卢晓萍为极具代表性的"夫妻贪官"，两人全部进入监狱服刑……

夫妻之间，贵在互相珍惜，互相扶持，互相敬重。俗话说"一人得道，鸡犬升天"，某些干部利用职权牟取私利，恨不能将自己的亲属全部委以重任，不仅让家族显贵，还能在关键时刻保护自己，一举多得。可是，却没有想到，如果事情败露，必将拔出萝卜带出泥，不仅自己落马，家人也要跟着倒霉。

所谓"清官有个贤内助，赃官有个贪媳妇"。不应当将责任全部归于"得道"的一个人头上，因为党员干部夫妇为利益共同体，如果在贪腐之路上"相互扶持""相濡以沫"，必然也起到了"鸡犬"的作用。身为领导干部的家人和另一半，不仅未曾在对方误入歧途时马上劝阻，还在旁边"吹阴风""扇阴火"，彼此推动着步入了贪腐的泥潭，最后得到一个共同的结果，实在不值。

正所谓"莫伸手，伸手必被捉"。如今，党和政府不断加大反腐的力度，拍"苍蝇"、打"老虎"，绝不手软。身为领导干部，要随时随地严于律己、清正廉洁，不仅自己清廉，还应当起到引导作用，将廉政的风气带入家中。而身为干部家属，也要确立清廉的思想，经常在家中吹廉洁之风，做好家中反腐倡廉的贤内助。

国学名句集锦

人以言媚人者，但欲人之悦己，而不知人之轻己；人以言自夸者，但欲人之美己，而不知人之笑己；轻而且笑，辱莫甚焉。

——清·李惺《西沤外集》

互敬——唇齿相依关共运

明代名臣于谦说："唇齿相依关共运，戚欣与共胜天伦。"意思是，嘴唇与牙齿的相互依存关系到它们共同的命运，一起分享悲伤和快乐胜过天伦之乐。夫妻之间是唇齿相依、唇亡齿寒的关系，互相体谅、互相尊敬是保持感情亲密的前提。

　　三国时期的许允和阮卫尉之女举行婚礼，因为新娘相貌丑陋，许允在结婚仪式完毕之后，寻找诸多理由不想入洞房，家里人都因为这件事情忧心忡忡。这时，正好大司农桓范前来庆贺，许允便在外面和他谈心叙旧。桓范劝许允说："阮家会把他们家的女儿嫁给你，想必新娘子一定有过人之处，你不能只看外表，应该好好观察一下。"

　　许允非常不乐意地走入洞房，待掀起红盖头看到妻子长相的时候，他立刻就想跑出去。阮卫尉的女儿明白，如果许允这个时候离开洞房，就永远不可能再回到这里了，因此马上拉住了他的衣服。许允轻蔑地问妻子："妇女应有的四德（妇言、妇德、妇容、妇工），你具备哪几样呢？"妻子

国学名句集锦

敬，相待如宾。

——《左传·僖公三十三年》

答道："这四德当中，我所缺乏的也只是姣好容貌而已。但是，读书人应有许多良好的品行，您又具备了几样呢？"许允说："全都具备。"妻子反问道："是吗？读书人的所有良好品行当中，以'德行'最为重要，那么您喜欢美色而不喜欢德行，怎么能说全都具备呢？"许允听了妻子的话后，明白对方是有才能、有见识的人，再也不敢轻视她了，从此，二人举案齐眉，彼此尊敬、爱戴。

如果丈夫缺乏善良的德行，便不能令妻子倾慕服从；如果妻子缺乏善良的德行，又如何将丈夫照料好呢？如果丈夫无德无才而无法令妻子服从，他在家庭当中便毫无威信可言；如果妻子无法遵照礼节来照料丈夫，道德和正义便会有所缺失。《礼记》中说，要从8岁开始教育孩子读书写字，从15岁开始教育他树立志向。现在某些为人父、为人母之人，仅培养孩子学习经典，对另一半的约束却不够重视，或者不看重另一半。这需要我们党员干部引以为戒。

同时，我们也应当明白，这些约束和尊敬是相互的。妻子自然要照料丈夫，有关的礼节也一定要遵守，可是只教育丈夫而不教育妻子，或者只对妻子提出要求而不对丈夫提出要求，都是不健康的相处方式。正常的做法是要将夫妻平等的观念应用于生活中的方方面面，尊重是互相的，约束也是互相的。

习近平在2015年的春节团拜会中着重指出："中华民族自古以来就重视家庭、重视亲情。家和万事兴、天伦之乐、尊老爱幼、贤妻良母、相夫教子、勤俭持家等，都体现了中国人的这种观念。'慈母手中线，游子身上衣。临行密密缝，意恐迟迟归。谁言寸草心，报得三春晖。'唐代诗人孟郊的这首《游子吟》，生动表达了中国人深厚的家庭情结。家庭是社会的基本细胞，是人生的第一所学校。不论时代发生多大变化，不论生活格

国学名句集锦

礼，身之干也；敬，身之基也。

——《左传·成公十三年》

局发生多大变化，我们都要重视家庭建设，注重家庭、注重家教、注重家风，紧密结合培育和弘扬社会主义核心价值观，发扬光大中华民族传统家庭美德，促进家庭和睦，促进亲人相亲相爱，促进下一代健康成长，促进老年人老有所养，使千千万万个家庭成为国家发展、民族进步、社会和谐的重要基点。"

回过头来看我们党的历史，老一辈共产党人给我们的领导干部树立了良好的榜样。毛泽东的家庭中有著名的"三原则"：恋亲不为亲徇私，念旧不为旧谋利，济亲不为亲撑腰。周恩来特意制订了《十条家规》，对家人提出了严格的要求。罗荣桓教导儿女不能成为"八旗子弟"。陈云曾经为子女制订了"三不准"的家规：不准乘坐其公务用车，不准碰其文件，不准任意出入其办公室。陈云还专门嘱咐他的妻子于若木，应当让他们的孩子自幼就和一般家庭的孩子一样学习、生活，不能搞特殊。

"心正而后身修，身修而后家齐，家齐而后国治，国治而后天下平。"想净化政治风气，一定要先净化家庭风气。对党员干部而言，则是应当提高自我修养，建立纯洁正派的家庭风气，管理好自己的家人，方可治理好国家。我们的党员干部要继承发扬伟大革命先辈的优良家庭风气，真正做好自己家中的"掌门人"，对家人严格要求，不要让家人将自己"拉下马"。

令人感到遗憾的是，现在一些党员干部一旦拥有权力，便把家庭甚至家族的利益放在工作中要谋求的利益首位，所走的正是"一人得道，鸡犬升天""前门当官，后门开店"的道路。我们应当以此为反面教材，切实预防"全家腐"，制定严格的追责制度并增强惩罚警戒力度，只要发现"全家腐"的情况，一定要严格追究官员的有关责任，确保我党的纯洁性和先进性。

国学名句集锦

夫妇和而后家道成。

——《幼学琼林·夫妇》

互励——君子以自强不息

> 　　孟子认为："人皆可以为尧舜。"也就是说，人人都可以做尧舜那样的贤人。古人又讲"天行健，君子以自强不息""地势坤，君子以厚德载物"，也是鼓励人们通过自己的努力，在自己擅长的领域取得成就。

　　春秋时期晋国公子重耳，也就是后来的晋文公，在国内遭受迫害，打算从晋国逃出去，便告诉他的妻子："你等我二十五年，如果我不回来，你便可以嫁与他人。"他的妻子说："等过二十五年，我墓地上的柏树都已经长大了，我还是会一直等着你。"重耳非常感动，在这样的精神支持下，终于东山再起，成为了一代霸主。

　　当然，历史上的事例不仅有积极的鼓励，也存在某些消极的煽动，有些甚至为自身招致恶果乃至丢掉性命。某些干涉政事、扰乱国家的后宫嫔妃，被人们称为"女祸"。唐中宗李显的皇后韦氏，就是一个名声坏到了极点的"女祸"。韦氏在唐中宗障碍重重的政治生涯当中，与他建立了深情厚谊。李显在父亲唐高宗因病去世之后，依遗诏登上了皇位，韦氏也坐

国学名句集锦

士不可以不弘毅，任重而道远。

——《论语·泰伯》

上了皇后的宝座，可是当时的朝廷政事都控制在李显的母亲——皇太后武则天的手上。李显只当了一年的皇上，便由于冲撞了武则天被废，韦氏亦告别了她的皇后宝座，二人一起被遣至房州，也就是现在的湖北房县，在那里生活了 14 年之久。

在这段时间里，韦氏成了李显精神上的依靠。李显每分每秒都处在惶恐当中，只要获悉有武则天的使臣来到这里，便吓得想结束自己的生命，这个时候，韦氏总是不厌其烦地进行劝导宽解。他们就这样相依相伴、备受艰辛地度过了 14 年，这也让李显与韦氏之间的情感格外浓厚。

李显在房州的时候，总是对韦氏说："一朝见天日，誓不相禁忌。"由于建立了这样的生死之情，而李显的个性又非常软弱——唐朝的人们都叫他"和事天子"，因此，当 704 年在张柬之等人策动的"神龙政变"中重登皇帝宝座后，李显的确兑现了他曾经对韦氏做出的承诺——"一朝见天日，誓不相禁忌"。在李显的放纵包容之下，韦氏竟然光明正大地临朝管理国家政事了。

韦氏在把持朝政的这段时间，首先为了与其关系暧昧的武三思处决了拥立李显登基的张柬之等五王；之后又由于和太子李重俊之间的冲突，导致了李重俊和李多祚等人发动政变。最终，韦氏已经不再满足于当皇后了，她和女儿安乐公主串通一气，将李显毒害而死，想要模仿武则天，成为一代女皇。可是，她的这场黄粱美梦被李隆基打破了，韦氏最终被处死，还被追贬为庶人，一直没有葬入李显的定陵。

家有贤妻，丈夫才能安心处理公事；家有贤夫，妻子才能拥有顺遂的事业。许多领导干部的家里人贪得无厌，间接甚至直接导致公务人员的腐化堕落。应当指出的是，关于领导干部亲属经商这个问题，在我国的党纪国法中很早以前就存在明文禁令，因为这并不仅是领导干部自己家里的事。1985年，中共中央、国务院便已经颁行了《关于禁止领导干部的子女、配偶经商的决定》。2006年1月1日开始实行的《公务员法》中也明文规定，公务员之间有夫妻关系、直系血亲关系、三代以内旁系血亲关系以及近姻亲关系的，不得在同一机关担任双方直接隶属于同一领导人员的职务，或者有直接上下级关系的职务，也不得在其中一方担任领导职务的机关从事组织、人事、纪检、监察、审计和财务工作。

然而，面对如此之多的禁令，仍然有不少领导干部的家人不仅经商，还将生意做得很大，归根到底还是因为好的制度在落实过程中，并没有得到很好的执行或者是执行力度不够，另一方面就是家风出了问题。

一人贪腐就会祸延全家。党员干部的家庭风气不正，出了一个贪腐干部，不仅有损于社会利益，也有损于整个家庭，况且有些还是"全家腐"，后果更加严重。党员干部的家属应该给予其正面的支持和真诚的勉励，给予其内心的力量。只有这样，才能形成良好的家风，进而形成良好的社会风气。社会上良好的风气是一点一滴积累起来的。如果我们的官员和人民都能够在某一个方面起到带头作用，为树立党员干部正面形象奉献自己的一份力量，我们的社会风气会更好，我们的祖国会更强盛。

国学名句集锦

一人奋死，可以对十，十可以对百，百可以对千，千可以对万，万可以克天下。

——《韩非子·初见秦》

第五章 友 悌

早在抗战时期，党员干部尊重人民群众、热爱人民群众、善于帮助人民群众解决困难的优良传统便已经成型。而在新时期，少数党员干部对待人民群众淡化了团结友爱的精神，使得干群关系变冷。要想发扬密切联系群众的优良传统，务必大力弘扬团结友爱的精神，尤其要从身边人做起，从身边小事做起，兄友弟恭，互帮互助。

◎同心——内睦者，家道昌

◎诚待——内不欺己，外不欺人

◎谦恭——谦恭者无争

◎扶困——博施于民而能济众

◎矫误——兄弟相师友

◎榜样——以身教者从

◎敦睦——兄弟敦和睦

◎帮衬——亲爱之而已矣

同心——内睦者，家道昌

> "内睦者，家道昌；外睦者，人事济。"出自林逋的《省心录》。意思是，内部和睦的人，家道就会昌盛；外部和睦的人，人际关系就会很好。成大业者必须有良好的人际关系，而良好的人际关系基础就是家庭内部的和睦。

人们所说的"兄道友"，意思是指当哥哥的要对弟弟友爱，而"弟道恭"则是指当弟弟的要对兄长恭敬。"孔融让梨"的故事家喻户晓，影响了无数代人。在中国漫长的历史上，这样的故事其实还有很多。

唐朝时，有一个宰相叫李勣。有一次李勣的姐姐病了，李勣亲自为姐姐煮粥，还不小心烧了胡子。姐姐说："你有那么多仆人和姜室，为什么还要自己辛苦为我煮粥呢？"李勣说："姐姐得了病，交给别人照顾，我实在放不下心。而且你的年纪越来越大，我也在逐渐变老，等以后老了，想给姐姐煮粥也没有机会了。"以李勣的身份地位能做到这样，实在是令人感动不已。

兄弟姐妹就像寒冬的棉衣一样，可以给你最需要的温暖。每当你需要

国学名句集锦

朋友合以义，当展切偲之诚。

——《幼学琼林·朋友宾主》

帮助的时候，兄弟姐妹就会陪在你的身旁。"友"和"恭"可以团结兄弟姐妹，如果一个人连自己的兄弟姐妹都团结不了，那么怎么可能团结其他人呢？

清代名臣曾国藩对于弟弟们的教育也非常重视。曾国藩曾经说过："兄弟和，虽穷氓小户必兴；兄弟不和，虽世家宦族必败。"曾国藩曾经给家人写过超过千封的家信，其中很多都是给自己的四个弟弟写的。

"当年同胞曾相残，各趋私利实难堪。一番劝慰一棵树，兄弟和睦建家园。树下品味以往事，留给后人做美谈。"当今河北黄骅聚馆村有这么一首诗，记载了一段流传已久的兄弟和睦故事，而在聚馆村的枣园中，至今还存活着一棵同根三杈的枣树，当地人称其为"兄弟和睦树"。

据说，很久以前刘家在枣园里种了很多枣树，每当枣树结果子了，刘家人就将果子摘下卖钱糊口。由于家里贫困，刘家三兄弟常常会斗嘴打架，有的时候甚至会因为争夺一棵树上的枣子而打到头破血流。过了一段时间，他们实在无法忍受这样的日子，就决定分家，每个人负责一片枣树。但是分家后老大家的枣树产的果子最多，这样一来老二和老三就不乐意了，整天喊着让老大和他们重新分树，老大却不同意。

有一天，老二和老三把心一横，深夜中合伙将老大家枣树的枝条砍了，然后把酸枣的枝条嫁接了上去。第二天，当老大走进枣园看到自家的枣树后，立刻就明白是怎么一回事。于是老大跑去找两个弟弟，三人打在一起，邻居劝解后才收手。然而谁也想不到，这一年秋天，老大家嫁接过的枣树结的果子又大又好，甜脆可口。老二老三偷鸡不成蚀把米，然而他们却不甘心，以这是他俩嫁接才得来的为由找老大理论。同样，话未说几句，兄弟三个又打了起来。

从这以后，兄弟三人常常互相打闹，搞得邻居们也不得安生。这时村

国学名句集锦

夫家和则福自生，若一家之中，兄有言，弟无不从，弟有请，兄无不应，和气蒸蒸，而家不兴者，未之有也。

——《曾国藩家书》

子里一位热心肠的老人劝解三兄弟的妻子，让她们去说服自己的丈夫，如是几次，兄弟三人都意识到了自己的错误。他们拜访当时很有名望的学者李留西，希望能求得解决办法。李留西对他们说："兄弟合气家不散，妯娌合气日子甜。"意思是让他们之间多多谦让，遇事多为其他人想想，同时让三人合力栽种一棵枣树。

兄弟三人按照李留西说的办法去做，找了一棵正处于三家交界处的枣树合栽。谁知一年后这棵枣树居然长了三个均匀的树杈，结出的枣子都十分干脆香甜。从此以后，这个兄弟和睦的美好故事就流传下来。

很多时候，兄弟姐妹之间不必要什么山盟海誓来维持感情，也不需要时间的流逝来见证感情。兄弟姐妹之间只要有着同样的感触、同样的思绪、同样的梦想，这样一来，在面对艰苦的生活时就会更加充满信心。如果连手足之间的感情都无法保证，那么还谈什么社会的和平和友爱呢？

兄弟同心，其利断金。作为一名党员干部，人民群众就是我们的兄弟姐妹。我们对待人民群众时要像对待自己的亲兄弟亲姐妹一样，这样人民群众才会爱戴和拥护我们，党员干部与群众一起奋斗，才能最终实现中华民族的伟大复兴的中国梦。

国学名句集锦

大凡一家人家，过日子，总得要和和气气。从来说："家和万事兴。"

——清·吴趼人《二十年目睹之怪现状》

诚待——内不欺己，外不欺人

"诚心诚意"方能成功，"诚"字右边的"成"指的就是"成功"。关于诚的名言有很多，比如，孟子说："反身而诚，乐莫大焉。"唐代诗人李白说："海岳尚可倾，口诺终不移。"鲁迅先生曾说："诚信就是做人之本。"一代名僧弘一大师说："内不欺己，外不欺人。"

《梁书·明山宾传》记载了南朝梁明山宾卖牛的故事。明山宾年轻的时候，曾经因为家庭贫困不得不把驾车用的牛卖掉。买主将要付钱的时候，明山宾告诉他这头牛曾经得过病，虽然早已治好，但以后还可能复发，他宁可做不成这桩生意，也要跟买主说明这个情况。最后，明宾山虽然没有卖掉牛，失去了即将到手的钱，却保住了自己"真诚待人"的美名。

现代社会也有许多因为一句承诺而背负责任的人，张仁强和张仁秀兄妹俩就是承诺的最好践行者之一——他们用自己瘦弱的肩膀，扛下了死去的大哥整整120万的负债。

国学名句集锦

愿车马，衣轻裘，与朋友共，敝之而无憾。

——《论语·公冶长》

"大哥虽然去了，我们家还有人，自己还不清，就让儿子还。就是一句话——不能赖了人家这么多钱。"只是一句普普通通的话语，却让人们了解了张仁强和张仁秀兄妹俩的真诚。张仁强和张仁秀兄妹俩的大哥张仁春由于疾病去世了，给家里人留下了整整155万的债务。其中二弟张仁强和三妹张仁秀共承担35万，余下120万则是欠的朋友的。

这欠下的120万该怎么办？张仁强和张仁秀在债主上门后，最终向大家做出了承诺，人虽然死了，但是债务还在，大哥虽然不在了，弟弟和妹妹就为他还债。这句简简单单的承诺，却让张仁强和张仁秀兄妹俩的一生都改变了。

2008年开始，张仁强和张仁秀兄妹俩开始了四年的还债之旅，直到2012年年底，兄妹俩才还清了大哥欠下的最后一笔债务。而这还债之旅，也是让兄妹俩经历了普通人几乎不可能经历的一切。

张仁强在当地也算是比较有名气的，他以前当过老师，参过军，还做过建材类生意，这些经历使得他早早就发了家。"1984年，我们家就盖起了楼房，当时非常罕见，生活条件是不错的，还有余钱借给哥哥做生意。"张仁强说，不过，接过这120万元的债务后，留在家里就不行了，必须出去寻找赚钱门路。

在几经思量后，张仁强怀揣着八百元来到了合肥，从捡破烂开始做起。奋斗了一段时间后，张仁强不再走街串巷去捡破烂，而是自己开了一家废品收购站，自己做老板。与此同时，他还搞起了养殖业，业余时间做一些建材生意。

妹妹张仁秀也是这样，经历了四年的风风雨雨之后，两人终于将大哥的债务还清了。张仁强兄妹俩长长地出了一口气，"接下来还要努力，要为自己忙了，还不想就这样在家养老。"张仁强依旧打算做废品

国学名句集锦

巧诈不如拙诚。

——《韩非子·说林上》

收购站老板。

　　这就是张仁强兄妹所创造和传承的家风了。由此可见，所谓"家风"其实也就是一个家庭或家族在日常生活中积淀形成的风范，如"明礼诚信""互谦互爱""自立自强""吃亏是福"等，这些中华民族传承千百年的信条，都是良好家风的体现。普通人家如果家风不好，子女们很容易给家里人带来麻烦。领导干部们应更加重视诚信，领导干部的家风不正，很容易会影响到领导干部，进而影响到更多的人民群众。

　　领导干部们手里掌控大权，不管是在工作时还是在生活里都拥有着极强的影响力。很多党员干部的亲人家教不足、作风不正，就有可能借助于权势而胡作非为。而党员干部在家庭成员的影响下，也很容易走向贪污腐败之路。

　　人生百年，立于幼学。树立好家风，首先要从教育子女做起，官员们一方面是家庭的主人，另一方面也是国家和人民群众的服务人员。不仅要在家庭生活中做好以诚待人的表率，也要在家风建设上做好带头作用。要从自己做起，从家庭做起，要将"诚"带到做人处事当中，把"诚"带到工作表率当中。

　　诚信是当代文明的标志，也是未来和谐社会构建的基础。中华民族上下五千年文明史，一直都将诚信作为最值得提倡的美德之一，因而诚信也成为一个人的组成部分。不仅如此，诚信还是党的本质和党的宗旨的体现。

　　但是，现在很多党员干部的诚信修养并不达标，他们缺乏诚信意识，而且总喜欢搞一些夸夸其谈甚至哗众取宠的形式主义工作。在日常工作中言行不一，说一套做一套，还经常弄虚作假糊弄上级，糊弄老百姓，这既是官场中的浊流，更是党和国家的蛀虫！

国学名句集锦

诚心，而金石为之开。

——西汉·韩婴《韩诗外传》

　　领导干部既是党的工作方针的制定者，也是党的工作方针的重要执行者，还是推进社会主义发展的领导者。作为党员干部，必须要学会以诚待人、以信取人，只有党员干部诚信了，人民群众才会真正信服我们，才会真正拥护我们。

　　2014 年 3 月 9 日，习近平在第十二届全国人民代表大会第二次会议安徽代表团参加审议时，关于推进作风建设的讲话中，提出"三严三实"——"严以修身、严以用权、严以律己，谋事要实、创业要实、做人要实"。这是对作风建设的进一步升华，是党的领导干部的为官之道和行为准则，为做好新形势下干部工作提供了重要遵循。其中"做人要实"，就是要对党、对组织、对人民、对同志忠诚老实，做老实人、说老实话、干老实事，襟怀坦白，公道正派。

　　党员干部要学会以诚待人，在日常工作和生活中都应讲诚信，说实话，办实事，绝不容许侵害人民群众利益的事情发生。无论是对待人民群众，还是对待自己的上下级，党员干部都应实实在在，绝不弄虚作假。

国学名句集锦

　　竭诚，则吴越为一体；傲物，则骨肉为行路。

——唐·魏徵《谏太宗十思疏》

谦恭——谦恭者无争

"强辩者饰非，谦恭者无争"是一句讲谦恭的名言。现实中，谦虚的、恭敬的人总是能够得到人们的尊重和喜爱，想要实现全社会的"和谐"，谦恭的道德品质不可或缺。

历史记载，唐睿宗总共有六个儿子，除早早夭折的六子隆悌外，其余五个儿子无论是否出身嫡庶，相互之间的感情都非常深厚。这种兄友弟恭的深厚感情，在历朝历代的君王之家中都非常罕见。

特别是三儿子李隆基，非常善于处理兄弟姐妹之间的关系。有一次，他写信给大哥李宪和四弟李范说："昔日，魏文帝曾做过一首诗：'西山一何高，高处殊无极。上有两仙僮，不饮亦不食。赐我一丸药，光耀有五色。服药四五日，身轻生羽翼。'我常想，通过服药而求羽翼，怎能比得过亲兄弟这天生的羽翼呢！"

李宪是一个绝顶聪明的人，而且他在经历了武则天、韦后的统治时代后，对所谓政治以及皇权已经看得很透彻，他态度坚决，要让位

国学名句集锦

其行己也恭，其事上也敬，其养民也惠，其使民也义。

——《论语·公冶长》

给李隆基，不单单替睿宗解除了苦恼，得到了他父亲的嘉奖，同时还让满朝文武对他的胸襟和为人处事都万分佩服，也让弟弟李隆基对他感恩戴德，敬重有加。

李宪让位后不久，李隆基顺利称帝，李宪对李隆基就像臣子对君主一样尊重，从不以大哥的身份自居，也不曾因为自己让皇帝之位而自认有功。相反，他事事谨慎小心。《唐书》中记载："宪尤恭谨畏慎，未曾干议时政及与人交结。"说明李宪的确在饱经沧桑之后悟出了急流勇退的道理。

开元二十八年（740）冬天，李宪卧病在床，唐玄宗命令太医给他诊病，并派人送给他药品以及各种珍馐美味。每一次太医去探视，唐玄宗都要亲自守候在路旁，不惜吹着刺骨的寒风，等待回归的太医第一时间向他汇报大哥的病况。

当时，李隆基的兄弟之中只有大哥李宪尚活在人间。所以，大哥的身体安康对他来说非常重要。每一年李宪过生辰，玄宗都一定要亲临府上给他祝寿，兄弟俩畅饮，谈笑甚欢。他还将平日里吃到的、看到的美味佳肴都送给李宪，让兄弟间互相依恋的至深情感得以延续。

这一年十一月，李宪最终不治病逝了。玄宗闻听此噩耗，"号叫失声，左右皆掩涕"。这样的变故带给他巨大的悲痛，使他在朝堂上也完全失态，他不但失声痛哭，而且还悲号不止。左右的朝臣们也被其感染，念及李宪生前的谦恭好德，都忍不住掩面啜泣。从这里来看，李宪的为人处事是很成功的，他身为皇子，能够如此谦让和关爱兄弟；身为大臣，能够深明大义；身为同僚官员，更能宽厚待人。

国学名句集锦

言忠信，行笃敬，虽蛮貊之邦行矣。

——《论语·卫灵公》

"处众以谦恭为有理"是六祖慧能法师的警句，说的就是以谦恭为处世之道这一道理，反映在政治问题上，就是要对待百姓、对待同僚要谦恭有礼。

问政于民、问计于民的谦恭态度，在党和国家领导人的日常工作中，已经不断展现。如前国家主席胡锦涛在与全国政协委员谈话交流时，就一再说"请指正"。而更早在 2007 年全国两会时，温家宝就已经要求到会官员要多听、少说、务实，并称"这不仅是个民主意识问题，也是摆正政府自觉接受监督的位置问题"。

不过，仍然有部分官员没有摆正自己的位置，做不到谦恭待人，时常无视人民代表和群众所提出的意见。比如说，2013 年，在中国经济下滑、全国就业困难的大背景下，"个税起征点调整"备受"两会"人民代表和委员的关注，但是有一名部级官员却在向媒体表达个人意见时，脱口而出"暂时不会调整，而且今后几年也不会调整"之类的话，受到诸多人民代表和委员的质疑，认为其太"傲慢"。全国政协委员、江苏省社会科学院院长宋林飞更愤然地说："你一个人都定了，还要我们来干吗？"

的确，几千名的人民代表、委员参加两会到底是干什么的？就是作为一个"代表"，代表他们身后的选民，参与并充分讨论国计民生问题，尽情表达意见，最后达成共识，形成有效的政策或措施，然后交给政府职能部门来执行。

近几年来，各级民意代表对角色意识、权利意识越来越清晰，公共职权的色彩日趋凸显，使得一年一度的"两会"越来越能够传达人民意愿，

国学名句集锦

贪满者多损，谦卑者多福。

——北宋·欧阳修《易或问》

成为一个日益完善的参政议政平台。

　　遗憾的是，虽然越来越多的民意代表勇敢地站出来，但是依然有一些官员没有从"官员"的惯性思维中走出来，仍旧以强势的态度面对人民代表的质询。我们党员干部应该认识到，在中国人民群众身上的公民意识越来越强，这样的群众意识无疑将凝成一种强大的力量，推动着社会变革。我们的官员们更应该学会顺应并推动这股力量。而所谓的"顺应"，就是指官员必须要谨守本分，谦恭地尊重民意。

国学名句集锦

气忌盛，心忌满，才忌露。

——明·吕坤《呻吟语》

扶困——博施于民而能济众

> 孔子的弟子问道：一个人"博施于民而能济众"（既能给老百姓很多利益，还可以周济大众）算是一个仁人吗？孔子回答说："尧舜其犹病诸！夫仁者，己欲立而立人，己欲达而达人。能近取譬，可谓仁之方也已。"这样的事情哪怕尧、舜都难以做到！所以仁人，只要能够做到己所不欲勿施于人，设身处地为别人着想就不容易了。

西汉人卜式是孔子的门生卜子夏的后裔，自幼父母双亡，家里还有一个幼小的弟弟。待到弟弟成人后，卜式把财产房屋田地都给了兄弟，他自己带着一百多只羊进山放牧。等到十年后，他的羊群繁殖到一千多只，自己还置办了田地房屋。而他弟弟由于贪图玩乐，把家产都耗尽了。于是卜式再次把家产分给弟弟，邻里都称赞他的行为，说他是个重情重义的仁人。

《弟子规》中说："财物轻，怨何生；言语忍，忿自泯。"对待钱财等身外之物，一定要淡然处之；如果过于执着财物，人与人之间的争斗怨恨

国学名句集锦

敬事而信，节用而爱人，使民以时。

——《论语·学而》

就不会停止。

济困是中华民族基本的传统美德，也是创建和谐社会的根基，济困的思想，可上溯到春秋时代墨家思想中的互助、奉献、兼爱等精神。

第五伦，复姓第五，名伦，是汉朝有名的清官。他为人质朴正直，平日里乐德好施，非常体恤贫民。主政一方，一直以为民解忧为目标。

第五伦年少时就注重情义，平日远亲近邻谁家有了难处，他总是热心地去帮助。倭寇四起时，人们都把第五伦视为依靠，一致推举他为首领抗击倭寇。第五伦领导百姓们勇战倭寇，受到政府褒赏，封他做了掌管诉讼的官吏，他自感责任重大，屡次对属下说："我们行使这个权力，要努力为百姓谋福祉。"当有的官员授意第五伦徇私枉法时，第五伦一口回绝，他义正辞严道："民生多艰，夫于心何忍？"

第五伦担任会稽太守时，地位显赫却依旧勤俭持家。穿的是布衣，吃的是糙米，家里没有佣人，由发妻亲自烧火做饭。每月俸禄除留下自己一家衣食所需，其余全部送给贫困人家，并坚持以勤俭为家训。朋友劝他道："人力有限，以你一己之力，又能救多少啊，贫困的人那么多！"第五伦答道："顺从自己的心意就行了！"朋友又说："你清廉自守、做到不贪不占已经很不容易，又为何不给后人留点家产呢？"第五伦笑道："我就是在给后人积德！"

在蜀郡任太守时，第五伦发现府衙的官吏大多以资财入仕，他们眼中只有个人私利，于是他将这些官员全部裁掉，另委任德行好的人担任，减少了贿赂和贪腐。他还向朝廷引荐了很多人品高尚之人，这些人哪怕官至三公，都没有一人贪腐。

第五伦一身正气，做事光明磊落，不愿曲意逢迎。恰逢朝廷外戚专权，大臣们敢怒不敢言。第五伦却屡屡上书陈述时弊，要求防止外戚擅

国学名句集锦

长太息以掩涕兮，哀民生之多艰。

——《离骚》

权，因此得罪了有权势的外戚。有人劝他说："你注重忠义，是谦谦君子。但你身处官场，就该遵守官场之道。你一味地坚持不肯变通，有一天你就会后悔的。"第五伦回答："忠义是我毕生所求，岂能为了官职而失去追求？你本意是为我好，却忘了我的志向啊！"

因为对忠义的坚持，第五伦获得了皇帝的赏识与信任，官拜三公。他倡导教化，做了很多利国利民的好事，为百姓所敬仰。真是"赠人玫瑰，手留余香"。

扶危济困是善的一种表现。当我们都用自己的微薄之力帮助他人时，当我们都用举手之劳救济他人时，涌动的是一种精神，收获的是一种关爱，凝聚的是一种力量。只有真心帮助他人，把他人的困难当成自己的困难，把对别人的援助化成常态，让这种思潮在社会上广泛传播，社会主义核心价值观才能真正得到践行。作为一名党员干部，无论做什么工作都要有使命感，树立起全心全意为人民服务的价值观。当人民遇到困难时，主动进行帮扶就是我们的责任与义务。

国学名句集锦

善为国者，遇民如父母之爱子，兄之爱弟。

——西汉·刘向《说苑·政理》

矫误——兄弟相师友

《围炉夜话》中说："察德泽之浅深，可以知门祚之久暂。""兄弟相师友，天伦之乐莫大焉。闺门若朝廷，家法之严可知也。"说的是好兄弟应该互相学习、互相监督，做错事要勇于承担，互相敦促改正。能不能做到这一点，决定着整个家族的兴败。

"东山再起"讲的是东晋谢安的故事。一日，谢安训问他的子侄们："为什么长辈都希望自家的子弟好？"侄儿谢玄恭敬地回答说："这就像芝兰玉树，大家都希望它们能生长在自己家中。"谢玄用芬芳的芝兰和亭亭的玉树来比喻有出息的后代，它们生长在自己的庭院中，可以使门楣生辉。

家风不正很容易使个人的职业生涯出现问题。家风决定作风，又连着官风。普通人家家风不正、管教不严格，子女便会招惹祸端。如果党员干部的家风不正，对家人疏于管教，甚至明知不法仍旧故意纵容，导致身边人贪欲丛生，最终酿成"一人当官，全家涉腐"，就会有一人落马，牵出

国学名句集锦

观听不参则诚不闻，听有门户则臣壅塞。

——《韩非子·七术》

全家的情况发生。因此，对于错误行为的预防和矫正非常重要。

徐才厚买卖官爵，为自己谋利，直接或间接通过家人进行贪腐；原国家食品药品监督总局局长郑筱萸，一家三口齐上阵，行贿企业大多通过他妻子和儿子进行交易；刘志军和他兄弟刘志祥在铁路系统表演"贪腐亲兄弟"。由此可见，一些党员干部故意放纵、玩忽职守，家属狐假虎威、大肆渔利，家风越来越坏、官员贪腐愈演愈烈，导致整个家乃至家族毁于家风不正、毁于腐败的泥沼。

家庭氛围是孩子人格的塑造基础，家教是每个人的人生基础。"注重家教、重视家风"，是中华民族的传统美德，也是共产党人大力倡导的美德。新中国成立后不久，毛泽东曾建议所有党员读《触龙说赵太后》，感悟"父母之爱子，则为之计深远"的意义。周恩来也曾指示所有的革命后代，不能认为有"吃不倒的铁杆庄稼"而甘愿沦落为"八旗子弟"。

不正家风，如同被鲜花遮掩的陷阱；变质的亲情，好像无形的绞绳。令计划、周永康、苏荣等"大老虎"被打倒的背后，都有"家族式贪腐"的特点。正是因为家风不正、家教不严，使他们把家变成了权钱交易所。"一人得道，鸡犬升天""前面当官，后面开店"，结果就是人前"同气连枝"、狱中"后悔莫及"。假使这些人能在误入歧途伊始，有人伸出援手，使之走出泥潭，是否结果会完全不同？

"要学会走捷径"就是刘铁男教育儿子的话。徐其耀也在给儿子的家书中写道："为人处世就是把自己当作一个点，然后围绕这个点编织一个网，自己也成为这个网的中心。"这种变质的教育，背离了党纪国法，也与正风气脱节，看起来是爱子顾家，其实是害子害家。

家事与国事、大家与小家的取舍，是家教好不好、家风正不正的镜子。何叔衡曾对后人说："做人不能为了升官发财就去愚弄子孙。"彭德怀

国学名句集锦

目失镜，则无以正须眉；身失道，则无以知迷惑。

——《韩非子·观行》

告诉侄子："近水楼台不得月。"李先念训诫子女："你们谁敢经商，我打断谁的腿。"这些家规、家训，虽然其中有的略显粗暴，但仍能体现出共产党人高贵的风骨，是值得后人学习的宝贵财富。

家风对一个人的影响有很多种，例如提醒、规劝或鼓励，但更重要的是以身作则。因为教育孩子，"三分靠说，七分靠做"。陈云对后辈要求格外严厉，但很少言教，更多的是无声地去做。他吃饭总是吃完最后一粒米，铅笔不到手实在握不住了不会换……正是这些微不足道的小事，塑造了子女们自律、勤俭等品质。

港商赖锦玉从 2008 年开始就一直以实名检举的方式举报原广东惠东县县长许再新及其胞兄许日新索贿，举报他们身为公职人员非法侵占群众 6843 亩土地，聚敛数百亿财富。

许再新祖籍广东惠东县，曾担任惠东县民政局副局长、惠东县副县长和某知名国有银行广东分行总经理，于 2011 年 5 月调离。其兄许日新现年 76 岁，曾经担任惠东县东平镇镇长。赖锦玉实名举报的漫长之路在五年后终于有了回应，2013 年 10 月 25 日，广东省人民检察院指派揭阳市人民检察院对许日新、许再新兄弟以涉嫌贪污受贿罪立案侦查，并对二人采取刑事拘留。

据赖锦玉说，前惠东县县长许再新利用职务便利，以香港皮包公司为名义，为其旗下的内地企业骗取担保。"骗取国家巨额贷款后，接着将贷款企业吊销，又经过法院判决，拍卖香港皮包公司所拥有的国有土地使用权来偿还贷款。然后，许再新名下的企业再通过低价购买拍卖土地的使用权。"九年的鸡鸣狗盗，许再新以担保贷款这种方式，侵占了国家银行 574 亩商业用地和数千万的贷款。

领导干部能否从事经商？参照《公务员法》和《中国共产党纪律处分

国学名句集锦

日省其身，有则改之，无则加勉。

——南宋·朱熹《四书集注·论语·学而》

条例》，国家干部必须遵守法律，不得以任何方式直接或间接参与商业性活动，也不能在商业组织中兼任职务，更不得纵容子女亲属等借本人权势谋取私利，不得为亲属从事商业活动创造条件等。当我们的监管机构发现了部分党员干部身上存在的问题时，就应该及时予以纠正、处理。

家庭是社会最基础的组成部分，也是个体与社会相互连接的桥梁。优良的家教家风，是个人成长历程中不可或缺的一环，也是一个人融入社会的基础。优良的家风对于培育和践行社会主义核心价值观、维护社会稳定和谐、树立民族自信心、实现伟大的中国梦，具有非凡的现实意义。

国学名句集锦

教人者，成人之长，去人之短也。

——清·魏源《默觚·治篇》

榜样——以身教者从

> 言传身教对于家人来说有着重要的意义。《后汉书》说："以身教者从，以言教者讼。""从"是跟随的意思，"讼"是争吵的意思。《宋史》也说："人不率，顺不从；身不先，则不信。"

榜样对一个人的影响是巨大的。洛阳是东汉时期的首都，是当时全国政治、经济、文化的中心。在开国皇帝光武帝刘秀的号召下，许多人才都被选拔到京师最高学府太学学习，王充就是其中之一。当时的大儒郑众、桓谭、班彪等人都在京师停留，给予学子指点，王充对这些名家甚为崇拜，尤其对桓谭和班彪最为推崇，受这些饱学之士的影响也非常深。

由于受到这些名家的影响和指导，王充的学问突飞猛进，尤其是桓谭，他"训诂举大义，不为章句"，与王充很是崇拜的班氏父子学风相近，且在思想上求实求真，反对当时盛行的谶纬神学，甚至还曾经冒死在光武帝面前议论、斥责谶纬神学，时常讥讽俗儒鄙见。王充特别欣赏桓谭求实的治学精神，在《论衡》书中他赞赏桓谭："论世间事，辨照然否，虚妄

国学名句集锦

质美者以通为贵，才良者以显为能。

——西汉·陆贾《新语·资质》

之言，伪饰之辞，莫不证定。""世间为文者众矣，是非不分，然否不定，桓君山论之，可谓得实矣。论文以察实，则君山汉之贤人也。"

在太学学习期间，王充寻访名儒，集百家之成，开阔了眼界，增长了学问，博大求实的学术风格逐渐成型。在追随前辈的道路上，王充始终坚持博涉经书，广纳百家，"涉浅水者见虾，其颇深者察鱼鳖，其尤深者观蛟龙"，"百家之言，古今行事，其为奇异，非徒都邑大市也"，"海不通于百川，安得巨大之名"，在这样的榜样力量和思想引导下，王充最终成为一代哲学大师，创作了中国历史上的不朽无神论著作《论衡》。

近代也有很多革命志士的爱国壮举从方方面面影响着后辈。冀中回民支队的爱国将领马本斋就是其中之一，他的儿子，解放军少将马国超曾经说过："对家父的最好纪念，是从他的经历和事迹中，学习他的思想品质和优良作风。"而他这一生也正是在不断地践行这一点。

马本斋是习武出身，在他看来，军人就应该抗日救亡，但是原本效力于东北军的马本斋对国民党的不战而退感到非常失望，而且，通过与共产党员曾希圣、李楚离、彭雪枫等人的接触，他深刻地体会到只有共产党才能救中国的真理。卢沟桥事变之后，从东北军解甲归田但是仍旧满腔救国热血的马本斋在家乡河北沧州献县组建了六七十人的回民抗日义勇队，踏上了抗日救国的道路。

后来，经过回族共产党员刘文正的推荐，马本斋带着他的义勇军加入了八路军，被命名为"八路军回民支队"，同年，马本斋加入中国共产党。在无数次大大小小的战斗中，马本斋的这支回民支队成为了"攻无不克、无坚不摧、打不垮、拖不烂的铁军"，同时发展党员，培养回民干部，提高了战士们的整体素质，坚定了战士们的抗日信念。日军为了威胁逼迫马本斋投降，抓走了其母白文冠，这位深明大义的母亲绝食而死，马本斋在

国学名句集锦

临官莫如平，临财莫如廉。

——西汉·刘向《说苑·政理》

接到消息后写下了"伟大母亲虽死犹生，儿定继承母志，与日本人血战到底"的悲愤誓言。

当时还是个幼儿的马国超也险遭毒手，据马国超回忆，"鬼子误将邻居家的一个男孩认作是我，把他扔在水井里，后来部队派侦察员把我们母子接到了父亲身边。"但是马国超还是很少见到父亲，在他的记忆中，父亲总是有很多处理不完的事情，但是对他这个儿子寄予了很大的希望，总是希望祖国能够超越强国的马本斋为其取名"国超"，将富国强民的希望寄托在他的身上。后来，马本斋卧病，5岁的马国超跟着母亲和姐姐去看望父亲，他还清晰地记得，父亲带着两个孩子唱起了《抗日将士出征歌》，教他写"中国"两个字，告诉他要"像爱父亲、母亲一样爱我们的祖国"。

马本斋的爱国、奉献精神深深地烙印在马国超的脑海中，他从小立志，继承和发扬先辈遗志，投身社会主义建设，像父亲一样，靠着实干和勤奋努力，服务百姓，报效祖国。回忆成长历程，马国超感慨地说："我从一个不懂事的孩子成长为将军，一步步都是受我父亲的影响，沿着他的足迹往前走。"

毛泽东曾经说："人需要精神。"中国共产党人更需要精神，要有高尚的情怀，远大的志向，不能甘于平庸、甘于屈从、甘于得过且过，而是要努力做到卓尔不群。这种精神的一个重要表现就是奋发有为。党员干部要乐于把奋发有为作为追求和志向，始终投身于创事干业的良好状态。

一个党员干部要想奋发有为，就必须练就一身真本事，有个好目标、好榜样。"打铁先得自身硬"，奋发有为不能只是一个口号，而是要落实在实践中。党员干部要想真正奋发有为，就要学会把握社会发展的大潮流，把握好客观实际情况，坚决贯彻上级的要求和国家的政策，真心实意为人民群众办事情。这就需要加强党员干部对党的路线方针政策及有关知识的

国学名句集锦

失其师表，而莫有所矜式。

——唐·柳宗元《与太学诸生书》

学习，要深入基层调查研究，广泛听取民意，不脱离群众，不脱离实际，不违背国家和党的要求。

党员干部奋发有为，"干"是重要的立足点。李克强说过："喊破嗓子，不如甩开膀子。"奋发有为在工作生活上的最重要表现，就是想做事、能做事、肯做事、做成事、不出事。不做，再多远大的志向和追求都是空谈；不做，一点本事和水平也没有；不做，也是渎职失职的行为。做，就要联系客观实际去做，真心实意地做，脚踏实地地做，努力做出成绩，哪怕遇到困难也不能轻言放弃，千方百计地去想办法克服它，打败它，做"兄弟姐妹"的榜样，做人民的榜样。

党员干部担负人民赋予的重任，如果心存私欲，过度看重物质利益，有过多的贪欲，总是计较个人得失，就不能全心全意为人民服务，长久下去就有可能消磨意志、腐化变质，最终走上违法犯罪的道路。但是，如果党员干部能够自始至终坚持追随榜样，树立正确的价值观，结果还会是这样吗？因此，广大党员干部要树立牢固而正确的荣辱观、名利观，耐得住寂寞，禁得起诱惑，守得住清贫，在奋发有为中尽职尽责，树立良好的形象。

国学名句集锦

攻人之恶勿太严，要思其堪受；教人之善勿过高，当使其可从。

——明·洪应明《菜根谭》

敦睦——兄弟敦和睦

唐代诗人陈子昂在《座右铭》中说："兄弟敦和睦，朋友笃诚信。"意思是，做兄弟要崇尚和睦，做朋友要讲究诚信，这些是处理好人际关系的根本。

相传在东汉时期，有一个德行高尚的人叫作童恢。童恢的父亲叫童仲玉，曾在饥荒年代把家财都用来接济老百姓，童仲玉的族人和乡亲们有上百人都是因为他而活下来的。

童恢年轻的时候，曾担任郡里的一个小官。当时的司徒杨赐听闻他执法公平、为人清廉，于是举荐他入朝为官。后来，杨赐被人弹劾要被罢官，杨赐的亲信纷纷离他而去，只有童恢冒着危险去为杨赐争理。杨赐后来官复原职，原来的亲信纷纷再次依附，但童恢却已经病逝了。

童恢管辖的范围内一直相安无事，治安良好，牢房里连续好几年都没有囚犯。美名传出去，很多临县的流民也搬过来，加起来足足有两万多户。人们都称赞童恢的品德，当年童恢在官府做官，如果发现小官做得比较称职或者做了善事，童恢都会拿美酒佳肴奖赏他们并予以鼓励。但是，

国学名句集锦

人之事兄，不可同于事父，何怨爱弟不及爱子乎？是反照而不明也！

——《颜氏家训·兄弟》

更值得人们赞扬的是童恢的弟弟童翊。

童翊的名气要比童恢大得多，所以朝廷最先启用童翊做官。然而童翊却装成哑巴，并不同意。等哥哥童恢做官后，童翊才肯做了孝廉。古代时候哥哥对弟弟友爱，弟弟对哥哥尊敬，哥哥没有做官，所以弟弟也不肯做官。这与有些根本不管自己的哥哥或亲戚而只顾自己升官发财的人相比，简直是天壤之别。

有资料显示，最近几年查出来的贪官污吏，他们当中大部分都有包养情妇的现象。这一现象表明，很多官员的道德缺失首先是从家庭方面开始的。个人的道德水平，深刻影响着家庭的道德状况，而没有约束的家庭教育往往会导致腐败问题，因此我们说家庭中成员的关系影响着社会的健康发展。

近些年来，很多地区把孝敬父母和对配偶忠诚纳入了党员干部的考核范围，这一制度受到了很多党员干部和人民群众的赞同。忠诚、敦亲、和睦一直都是中华民族的传统美德，也是古代官员的基本道德要求。私人德行看起来事小，然而私德如果都不具备，我们怎么敢保证党员干部具备足够的公德呢？一个连生养自己的父母和共同生活的妻子、兄弟都不在意的人，我们怎么敢指望他们对国家对人民负责呢？

如何构建和谐家庭，这是每一个党员干部都要考虑的事情。但是当前社会中，来自各方面的因素却导致很多党员干部忽略了家庭的和谐。其中一些人大公无私，出于对自身责任的看重，无时无刻不在考虑着自己的工作，从而忽略了对亲人的照顾。所以，在家庭生活中，党员干部要适当地兼顾亲人的感受，干部家属也要理解、支持家人从政的辛苦。

领导干部们负责党的执政工作，手中握有大权，随之而来的就是美色和金钱的诱惑。当前社会经济以市场为主导，很多人就会选择通过美色或

国学名句集锦

虽曰安宁之日，不如友生；其实凡今之人，莫如兄弟。

——《幼学琼林·兄弟》

金钱来疏通关系，也有些人为了获取某些项目或个人的升迁而选择出卖色相来收买领导干部，当他们的诉求无法得到满足，便会诉诸领导干部的家属。当兄弟姐妹之间的亲情与党性和道德壁垒构成冲突，有一些领导干部就会放弃作为党员该有的素质，为了满足一己之私欲而堕落，等到事发的时候，家庭成员之间必然产生矛盾，进而影响家庭和谐。

　　社会发展到一定程度后，想要让党员干部的家庭变得更加和谐，最好的方式就是改变和谐家庭构建的内部因素，也就是提升党员干部们的自我修养。党员干部代表着整个社会的精英阶层，他们的整体修养比普通人更应该高一些。

　　兄弟姐妹之间要有仁爱之心。中华上下五千年，仁爱的思想文化一直都是中国人最推崇的。在构建党员和谐家庭的过程中，党员干部们也需要很好地继承中国儒家的思想，要有"仁爱"，要讲究爱人，只有给自己的家人以足够的关爱，才能用"小爱"维系好家庭，从而用"大爱"服务好人民群众。

国学名句集锦

兄弟和，虽穷诟小户必兴；兄弟不和，则世家官族必败。

——《曾国藩家书》

帮衬——亲爱之而已矣

"仁人之于弟也，不藏怒焉，不宿怨焉，亲爱之而已矣。"出自《孟子·万章上》。意思是，仁义的人对于自己的兄弟不把愤怒藏在心里，不与他结下长久的怨恨，只是亲他爱他。

　　毛泽东的老家，有一个他年少时读私塾的地点，名叫东茅塘。东茅塘里面住着两个老人，一位名叫毛泽连，是毛泽东的堂弟。另一位叫作张玉莲，是毛泽连的妻子。

　　1949年，解放军解放了湖南，组织派人到毛泽东的老家去寻找他的亲人和当地革命烈士的亲人。那时候，毛泽连就在毛泽东故居的上屋场居住。后来，毛泽连被解放军送到北京去见毛泽东。毛泽东对毛泽连非常关怀，当时毛泽连左眼失明，右眼也有病，毛泽东就让毛岸英等人带他去看病，后来还做了手术。手术结束，毛泽东去协和医院看望毛泽连，医生打算给他换一只假眼睛。毛泽连问毛泽东自己要不要换，毛泽东答道："换只假眼睛也是摆设，还是看不见……"就这样，毛泽连一直没有换假眼。

国学名句集锦

孝悌之至，通于神明，光于四海，无所不通。

——《孝经·感应》

　　过了一个月，毛泽东对毛泽连说："你的眼疾时间太长，北京治不好，你还是早些回韶山的好！"当毛泽连要离开时，同乡在毛泽东面前多次提到毛泽连家庭的贫困，同时希望毛泽东予以照顾。毛泽东答道："泽连的困难我晓得，我是要整个儿地解决全中国的困难，而不是解决个别困难。当然，我可以自己拿点钱帮助帮助。"毛泽连回韶山前，毛泽东将自己的一口装着蚊帐、棉衣、棉裤及衬衣的皮箱送给了毛泽连。勤俭的毛泽连穿了这些衣服很长时间，而那口表面斑驳的皮箱，后来也被送到韶山毛泽东纪念馆展出。

　　从那以后，毛泽东每年都从自己的稿费里拿出 200 元寄给毛泽连，一直持续到 1958 年，后来则是由中央办公厅给毛泽连寄，每月 20 元，持续了好几年。当毛泽东得知这点后，坚持从自己的稿费里扣除了这些钱。毛泽连母亲去世的时候，毛泽东知道了，立刻寄过去 300 块，"送泽连葬母和治病"。

　　1954 年，毛泽东邀请毛泽连再到北京，并写信要求："要自己准备路费，不要麻烦政府。"到北京后，毛泽东关切地询问毛泽连的生活状况，当毛泽连讲述自己在农村勤劳俭朴的生活后，毛泽东很高兴。吃饭时，毛泽东对毛泽连说："润发，那次没给你买新皮箱，这次给你买口新的带回去！"泽连回答说："主席三哥，弟弟是穷苦了半辈子，哪里还能讲排场。"然而，毛泽东最后还是给毛泽连买了一口好的皮箱。

　　从第一次去北京直到毛泽东去世这 27 年里，毛泽连 11 次到北京。毛泽东除非是去外地视察或参加重要会议外，每一次都亲切接待了毛泽连。毛泽东对自己的严格要求和教诲，教会了毛泽连很多东西，而他作为毛泽东的堂弟，并没有使用这个金字招牌去牟取私利，而是始终安于本分，做一个踏踏实实的庄稼人。

国学名句集锦

兴天下之利，除天下之害。

——《墨子·兼爱下》

　　毛泽连带着一家人努力劳动，虽然得了眼病，但是仍然没有放弃参加集体劳动。后来生产责任制施行，毛泽连同其他农民一起得到了责任田。

　　毛泽东与毛泽连之间的交往，告诉我们处理好领导干部与家属关系的重要性。党员干部只有在既能处理好家庭成员之间的关系，又能在力所能及的情况下，依靠自身的能力帮衬亲戚，还不能利用自己的职权和身份，才能切实提高自己的思想境界，给自己划定警戒线。

　　党员干部如何来对自我修养的德行进行强化？首先，党员干部要加强学习，要对家庭美德的内涵加以了解，建立起良好的家庭观和美德观。这样，党员干部才可以始终在各种局势面前保持头脑清醒，同时认识到自己身上肩负的政治重担和家庭责任，进而在使用权力和社会交往过程中时刻保持头脑清醒，不被诱惑撼动。其次，党员干部们还要时刻保持清廉，要用自身的品质来影响和带动自家人。家庭既是党员干部们休憩的港湾，也是党员干部们很容易被腐蚀的地方。

　　对此，党员干部们要时刻不忘提升自我修养，要以自律来影响家人，要尽力降低家庭对自身手中权力的影响，绝不允许出现以权谋私，使用权力来处理家庭事务的现象。此外，党员干部还要管束家人，禁止其借助自己的影响来获取利益，要知道真正的爱是通过自己的努力帮助家人，但绝对不是毫无原则的放任。

　　对于党员干部的考察，不仅要看他们的思想政治觉悟，也要看他们的作风和品行如何。要用最公正客观的态度来评价党员干部的家庭美德，在考察党员干部德行的时候，不但要考察其在上班期间的德行，还要将其下班后的德行加入考察之中。对于党员干部的考察要全面，严禁道德缺失的党员干部被提拔。

国学名句集锦

人以义来，我以身许。褰裳赴急，不避寒暑。

——唐·柳宗元《祭万年裴令文》

第六章　修　德

有"德"是党员干部最基本的从政底线。党员干部要对自己的政治生涯有明确的认知，想要为群众做什么，给子孙后代留下什么，心中一定要有清晰的答案。"德"是驾驭和行使权力的基础，也是权力得以实现的基础。执政党之所以能够取得人民的信任，必然是组织或个人崇高、无私的德行得到了大众的认可。有德才有权，所以党员干部无论是在修养自己还是在治家治国上，都要以身作则、以德服人。

◎遵纪——万物莫不有规矩

◎奉法——奉公如法则上下平

◎举贤——知贤不能亲，难为人上人

◎止佞——亲贤臣，远小人

◎倡朴——本资民用反为殃

◎明辨——慧眼善识人

◎谦逊——满招损，谦受益

◎自勉——天下兴亡，匹夫有责

遵纪——万物莫不有规矩

> 孟子说："不以规矩，不成方圆。"韩非说："万物莫不有规矩。"无论是做人、做事还是治国，都需要有规矩的存在，没有规矩，家不成家；没有规矩，国将不国。由此可见，遵纪守法对于一个法治国家而言是极为重要的。

通过管束官员的亲信来管束官员，从而保证国家吏治清明，历来受到统治者的重视。在这其中，明太祖朱元璋就是一个典型。

据说明朝开国后仅一年，很多开国功臣的家臣和仆人便仗着自家主人的功绩和势力，在京城四处抢掠、横行霸道。朱元璋得知这件事后，就将许多开国功臣召集到一起，对他们说道："尔等从我，起身艰难，虽成此功，非旦夕所致。比闻尔等所畜家僮，乃有恃势骄恣逾越礼法，此不可不治也。小人无忌，不早惩治之，他日或生衅隙，岂不为其所累？如治病，当急去其根，若隐忍姑息，终为身害。"

朱元璋的意思是说，你们从跟我起义开始，一路历经艰难困苦最终获得这样的成就。虽然现在成功了，但却不是一朝一夕所能得到的。我现在

不教而杀谓之虐，不戒视成谓之暴。

——《论语·尧曰》

听说你们的家臣和仆人在京城仗着你们的权势而为非作歹,视礼法于不顾,这样的问题不能不处理啊!小人做事往往都肆无忌惮,如果现在不早早地加以惩戒,将来惹出大乱子了,你们不就被他们连累了吗?要治病,最要紧的是要去除病根,如果一味地隐忍,这样只会姑息养奸,最终导致自己受到他们的损害。

《戒庵老人漫笔》中记载,洪武九年(1376)秋八月,朝廷下发文件:"凡在官者,其族属有丽于法,听其解职归乡里。"这份朝廷文件的意思是,所有当官的人员,只要他的族人当中有人做了违法犯法的事情,这名官员必须要自动辞职还乡。这种制度对于官场纪律而言的确起到了很好的效果,很多官员都尽力约束自己的家人和族人,禁止他们做出违法乱纪的事情。然而它也有着自己的弊端,这种制度与古代的"连坐罪"没什么两样,很多官员在外做官,他们勤勤恳恳为国为民,很受人民的喜爱。但这些官员千里之外的家乡却有同族人员违法乱纪,最终导致这些颇有政绩的官员黯然辞职回家。

朱元璋不仅对下属官员的亲信们严格,对自己身边的宦官们也非常严格。以往朝代有宦官乱政的现象,朱元璋为防止这点设立规矩,禁止宦官干预朝廷事务,还找人做了一块三尺高的铁牌放到皇宫里,上面写着"内臣不得干预政事,预者斩"。

当时,朱元璋身边有一个宦官长期在皇宫内侍奉,时间一长对于政务处理也有所了解。有一次,这个宦官不小心对朝廷事务发表了一下看法,朱元璋立刻斥责这名宦官并将其遣返回乡,而且下令一辈子都不录用他。之后朱元璋对大臣们说:"从古到今所有贤明的君主,他们需要谋划的时候,一定会找满朝公卿或者士大夫来商议,从而作出最后的决策,从来没

国学名句集锦

名不正,则言不顺,言不顺,则事不成。

——《论语·子路》

说过有谁与宦官亲近，而且在制定决策的时候与宦官商议的。"

虽然在古代官场之中，很多廉洁奉公的官员以身作则，对自己身边的亲信加以教育，严加管束，也为世人创造了许多通过制度来约束身边亲信的范例，然而这种范例并不多。漫长的封建君主制历程中，古代官员身边亲信违法乱纪的恶行频频出现，如果没有一个可以抑制权力而"将权力锁到笼子里"的完善的规章制度，很容易会出现这样的恶行。一套完善的制度不仅能限制特权的存在，还可以有效地压制住官场上的歪风邪气，从而使吏治更加清明，官场腐败大减，也能让人民群众得到最好的服务。

家风虽小，但千万家的家风相连就成了民风，最终形成了国风。家风起自家庭、立足于家庭，良好的家风可以增强社会进步，促进民族的凝聚力，促进文明的拓展程度。在这其中，家风起到的作用是非常巨大而又深刻的。习近平曾经说过，要让千千万万的家庭成为国家发展、民族进步、社会和谐的重要基点。

作为一个人而言，如果在家里孝顺父母、品行端正、言而有信、行必有果、遵纪守法、敦亲睦邻，那么他的家风也一定很正派，将来走向工作岗位后也会尽职尽责。家风不正，必然会影响到作风。纵观那些贪污腐败的官员，很多人都是全家一起贪污受贿的。有的甚至是丈夫做官，妻子和儿子则负责卖官，后来东窗事发，家里所有人都锒铛入狱。

如果说国家是一辆车，那么小家就是车轮，没有固定的车轨如何前进？规则便是车轨。传承好的家风，也就可以对吏治和社会产生良好的影响，可以促进形成良好的政风和社会风气。家风好了，社会风气也就好了，这样的社会必定会健康向上、文明进步。随着中国经济总量和科学技术的持续进步，中国人民的生活水平也在不断提升。中

国学名句集锦

绳者，直之至；衡者，平之至；规矩者，方圆之至；礼者，人道之极也。

——《荀子·礼论》

国综合国力的增长，国际竞争力和国际影响力的提升，都与中国每个小家庭的努力和付出息息相关。与此同时，我们也要意识到，要赢得国际社会的尊敬，绝不能仅仅依靠经济和军事等硬指标方面的强大，文明素养和社会风气等软指标也是我们要进一步提升的目标。未来中国发展要走的路还有很长，培养遵纪守法的家风，进而形成良好的国风，这是未来我们要做的事情。

国学名句集锦

治国无法则乱，守法而弗变则悖，悖乱不可以持国。世易时移，变法宜矣。

——《吕氏春秋·察今》

奉法——奉公如法则上下平

《史记》中说："奉公如法则上下平，上下平则国强。"意思是，只要官员都能奉行公事，带头遵纪守法，一切行动以法律为准则，那么百姓就会效仿，社会就能安定，国家就能强大。

清康熙二十四年，顺天府有人报案，旗人四舒、华善等与房山县百姓争夺煤窑。案情并不复杂，主要是因为旗人太强势，欺人太甚。然而旗人背后却有一个大靠山，那就是康亲王。有了这个靠山，涉案的几个人在顺天府的公堂上肆无忌惮，还带着一群人大闹公堂。顺天府尹不敢妄动，直接上报给康熙。

康熙二话没说，立刻下令将那群大闹公堂的旗人抓了起来，同时下了批示："四舒等挟制官司，横肆诟詈，情殊可恶！再加严审治罪，其主一并察议。"顺天府尹告诉康熙这些人是康亲王的家臣身份，谁知康熙根本不管这些，直接回道："朕止论事之是非，不论其为何人也。"就这样，这群旗人都按照律法受到了重重的处罚。康亲王本人虽然并不知情，但是也

国学名句集锦

言必有主，行必有法，亲人必有方。

——《大戴礼记·曾子立事》

受到了经济处罚。

康亲王正是由于没有管好自己身边的人，导致身边的人骄横犯法，最终犯事者得到了应有的惩罚，康亲王也受到了连带处罚。康亲王虽然是康熙的堂兄，但康熙却并没有因此而徇私包庇，反而治其管教不力之罪，这样做实在是公道。

当前许多党员干部的亲属经商，这个问题的产生实际上有着特定的历史背景。改革开放初始之时，为了促进社会生产力的发展，同时改变当时"大锅饭"的平均主义政策，邓小平提出，鼓励一部分地区、一部分人先富裕起来，从而带动越来越多的人富裕，达到共同富裕的目的。所以，那个年代无论是什么身份，只要拥有经商的成本，国家都鼓励他们去经商。渐渐地，就发生了一些领导干部为子女经商而滥用职权的事情。这时国家也意识到这一点，先后出台了一系列的条例，禁止党员干部的子女和配偶经商。

虽然不一定所有领导干部的子女都会凭借父母的权势来违法经营，但因为中国自古以来讲究"关系网"，而领导子女本身就可以充当关系网的一部分，很多人为了能与官员们扯上关系，也会刻意地结交领导干部子女，从而造成了市场经济的不公平。

领导干部的亲人子女经商时如果借用了领导干部的权势，那么这就是明显地以权谋私，最终将导致整个经济市场秩序混乱，也使得公平竞争成为一句笑话。这样还会使得很多领导干部的配偶和子女觉得自己在政府机构有关系，行为变得肆无忌惮。

党的十八大以后，很多官员都因为各种违法违纪行为被查处。在这其

国学名句集锦

抱法处势则治，背法去势则乱。

——《韩非子·难势》

中，有很多都是由于官员的亲属和子女违法经商牟利而导致的。这很大程度上是由于制度监督的缺失。对于这种现状，目前最好的方式就是还权于民，让人民群众来监督领导干部的亲人和子女的经商行为，一旦发现权力的不正当使用，立刻就上报监察机构处理。正如习近平多次提到的，制度的执行比制度的制定更加重要，不能让制度成为纸老虎、稻草人，要使制度成为硬约束而不是橡皮筋。

国学名句集锦

本道言出如箭，执法如山，三尺法不能为不肖者宥也。

——清·李绿园《歧路灯》

举贤——知贤不能亲，难为人上人

宋代哲学家邵雍说："有过不能改，知贤不能亲，虽生人世上，难为人上人。"这句话的意思是说，有了过错不能改正，明知是贤人却不亲近，这样的人虽然生活在世上，但是却很难成为人上人。

黄河流域是中华民族的发祥地，五千多年前，人们在黄河流域营建自己的家园。那时的人们以血缘而结成为部落，每个部落都由很多氏族组成。在那个时候，平阳居住着一个非常有名的部落，其首领叫尧。

尧带领着族人们驱逐猛兽，治理洪水，种植五谷，建造房屋，还领着族人们放牧和采集蔬果。族人们一起劳动，大家一起享受劳动的成果。尧做首领总是一心一意为族人服务，族人们也很拥护他。后来尧岁数越来越大，感觉无法再继续统领族人，就告知族人合力推举出一个新首领。

这时一个名叫放齐的人提议让尧的大儿子丹朱来做新的部落首领，因

国学名句集锦

楚虽有材，晋实用之。

——《左传·襄公二十六年》

为丹朱在治理洪水、驱逐猛兽的过程中都出了很大的力气。然而尧并不同意，说丹朱的情况他了解，虽然丹朱的确很有力气，然而他并不具备指挥他人的能力。其后有人推荐共工，但尧也认为不合适。

之后四岳向尧推荐舜，因为舜非常能干，带领着自己的族人开发田园，部落发展得非常快。舜部族的人们丰衣足食，大家也都愿意跟随舜。听到舜的事迹，尧非常高兴，随着四岳去舜的部落去看。当尧看到二十五岁的舜带领自己的族人丰衣足食的时候，他觉得舜的确很有能力。随后，尧将舜从自己的部落请到平阳去，让舜带着一批新人去开垦荒原。舜没有让尧失望，仅仅三年时间，他带着自己的族人耕田捕鱼，族人的生活过得越来越好，更多的人前来归附于他。尧得知了这个消息后非常高兴，在九十五岁那年将首领的位置禅让给了舜。

当东晋谢安掌管朝政时，前秦王苻坚已经统一了整个北方，正在打算对地处江东的东晋进行大举进攻，东晋时局非常危险。桓温在时，东晋一直都处于对外进攻状态。桓温死后，谢安不懂如何行军作战，便推荐了自己的侄子谢玄来做大将军。得知这个消息后，朝野上下一片哗然，大臣们都认为谢安是在因公徇私，是在拿整个东晋的命运来开玩笑。

有一个人与大家的看法不同，这个人就是郗超。郗超曾经是桓温的主要谋士，多次为桓温出谋划策，就连桓温废立君主的事情，也是郗超出的主意，这也导致他被人大骂，就连自己的父亲也不例外。然而这次郗超却没有做错，他大力称赞谢安的举贤不避亲，而谢玄的表现也没有让谢安和郗超失望。谢玄成立北府军后日夜操练，以奖惩制度训练出一批高战斗力

国学名句集锦

外举不避仇，内举不避子。

——《吕氏春秋·去私》

的军队。也正是由于这支军队，最终在淝水之战中击败了苻坚的百万大军。

谢安的举贤不避亲实在是冒了很大的风险。要知道，如果一旦用错了人，不止东晋会灭亡，就连他们谢家也一样难逃厄运。魏晋时代的人都颇具个性色彩，魏晋名士的行为更是放荡不羁，然而每当处理国家大事时，却比普通人还要干净利落得多。也正是靠着这些名士们，东晋王朝才得以在史书上留下灿烂的一笔。

"蓬生麻中，不扶自直；白沙在涅，与之俱黑。"环境不同，事物最终的结果也不同，无论是自然生态还是政治生态都是这样。习近平在十八届中纪委二次会议上指出："改进工作作风，就是要净化政治生态，营造廉洁从政的良好环境。"政治生态体现了政风、党风以及社会风气，也是从政环境好坏的直接表现。一个好干部需要一个好环境，而一个好环境也需要好干部来营造和维系。

国家因人才而兴盛，政治也需要人才来治理。选好人、用好人对于广大干部队伍的建设和发展而言，有着很强的导向作用和后续影响，也深刻影响着整个政治生态的建设。现在很多地方的政治生态遭受了腐蚀和破坏，仔细深究不难发现，这其中大都是由于提拔的干部不干不净的缘故。由此可见，选错人对于国家吏治来说有着极其不利的影响。

古人说："所任者得其人，则国家治、上下和、群臣亲、百姓附；所任者非其人，则国家危、上下乘、群臣怨、百姓乱。"环境可以影响个人，个人也能够对环境进行改造。如果任用了一个贤人，那么一大

国学名句集锦

盖有非常之功，必待非常之人，故马或奔踶而致千里，士或有负俗之累而立功名。

——《汉书·武帝纪》

群贤人就都来了。而如果任用一个小人，那么小人肯定会吸引大批的小人前来。正确的选人，可以很好地净化政治生态，而对环境的营造也要从选人入手。要建立起一套完善的选人机制，这样才能保证那些官场的蛀虫，以及一些混吃等死的人难以进入官场的大门，让那些有真才实学的人们，再也不会因为没有背景或关系而无法为人民服务。这样一来，党和国家最终就能够选出一批德才兼备的好干部，从而营造出好风气，保持国家吏治的清明。

国学名句集锦

察不明则奸佞生，奸佞生则贤人去，贤人去则国不举，国不举，必殆，殆则危矣。

——明·张居正《权谋残卷》

止佞——亲贤臣，远小人

诸葛亮在《出师表》中说："亲贤臣，远小人，此先汉所以兴隆也；亲小人，远贤臣，此后汉所以倾颓也。"这句话的意思是说，亲近贤明的大臣，远离卑劣的小人，这是先汉兴盛的原因；亲近小人，疏远贤明的大臣，这是后汉衰颓的原因。

有一次，唐太宗坐在一棵大树下休息，并称赞这棵树很好。唐太宗的话刚出口，同行的大臣宇文士及立刻就跟着赞美，这让唐太宗很不高兴。唐太宗说道："之前魏徵总是劝谏我要远离那些整天只会说谄媚话的小人，我一直都不知道他们是谁，现在才知道原来是你。"宇文士及立刻跪下说道："在朝堂上的官员们，他们大都会当面劝谏君王让您改变自己的意见，也正是由于这个原因陛下做事总是束手束脚。好不容易微臣跟您私下里在一起，如果在小事上不顺从您的话，那您这个天子还有什么乐趣呢？"唐太宗听了宇文士及的解释，才变得高兴起来。可见，唐太宗对亲贤远佞是随时注意的。

国学名句集锦

口惠而实不至，怨灾及其身。

——《礼记·表记》

梁武帝有一个侄子名叫萧正德，喜欢亲近小人，放纵自己的手下滥杀无辜，而且他的品德也非常坏，甚至一度想叛逃去北魏。梁武帝对皇亲贵族一贯持着包容的态度，但还是忍不住责问他："难道你狼心不改，尽想干坏事、败坏国家大计才开心吗？"之后，梁武帝罢了萧正德的官位和爵位，把他发配到边疆。然而萧正德还没抵达发配的地点，梁武帝又心软放了他，还让他官复原职。谁知萧正德根本不领情，之后居然自己养了大批的死士并勾结外敌侯景内外夹击毁灭了梁朝。梁武帝对族人的一时心软，最终却导致整个国家的覆灭，而萧正德最后也被侯景杀了。

当前绝大多数的党员干部家风都很端正，这也使得党内吏治一片清明，然而在清明之下还是存在着一些瑕疵的。

很多党员干部为了让子女获得更多的社会地位和金钱，他们想尽了一切办法，有的甚至贪赃枉法也要为子女谋取更多的利益。而有些领导干部在子女违法乱纪后不断找各种关系来为子女开脱。也有的领导干部在子女婚事上面大肆铺张，让人民群众感到厌恶。

在这方面，李先念的大公无私让个别领导干部汗颜。李先念虽然身处高位，然而当自己的子女希望他能动用权力帮一个小忙时，李先念却大发雷霆，甚至说出再提出这类要求就打断他们的腿的话。在李先念看来，党和人民的利益是至高无上的，任何人都不能亵渎。而正是有这么个好父亲，李先念的子女最终都成为社会的栋梁之才，为社会贡献出属于自己的一份力量。

现在很多党员干部对于家风建设还是比较看重的，虽然他们也的的确

国学名句集锦

林中多疾风，富贵多谀言。

——西汉·桓宽《盐铁论·国疾》

确在好好地教育子女了，可子女却依旧不能成才。这是什么原因？坦白来说，这主要是由于领导干部们自身没有树立起好榜样的缘故，他们每天在家，在子女面前总是发牢骚，总是在抱怨。有些干部甚至在子女面前批判马克思列宁主义，他们宁可崇尚神鬼之说，也不愿意通过自己的努力来改进现在的一切。有些领导干部把自己的配偶和子女都送到国外，他们的存款都在国外，以为这样就是为自己留下了后路，万一有什么事情立刻就能出国"避难"。这样的领导干部，如何能教导子女们培养起爱国意识呢？自身都无法摆正，如何要子女们走向正道？即便他们用心教导子女，子女们又如何会对他们的话语信服？

党员干部们想要让子女真正成为自己理想中的那样，就要以身作则，亲贤远佞，作风正派，用自己的实际行动让子女们看到什么是榜样。要相信榜样的力量是无穷的，只要树立起正确的榜样了，子女们才会朝着有益于国家，有益于社会，有益于人民的成才之路上发展，才能培养出社会的精英和栋梁。

国学名句集锦

谗口交加，市中可信有虎；众奸鼓衅，聚蚊可以成雷。

——《幼学琼林·人事》

倡朴——本资民用反为殃

> 明代名臣于谦说："绢帕麻菇与线香，本资民用反为殃。清风两袖朝天去，免得闾阎话短长。"意思是说，绢帕、麻菇、线香这些物品本是人民生活所需，却因为贪官污吏的剥削，反而给百姓带来了祸患。于是我什么也不带，仅带两袖清风去朝觐天子，减少百姓对自己的不满。

于谦的这首诗讽刺了当时朝堂上的歪风邪气，体现了于谦清廉为官、不和小人同流合污的高风亮节。从此"两袖清风"比喻为官清正廉洁或表示贫穷，一点积蓄也没有。

李隆基的第三个儿子名字叫李亨，登基为帝后是为唐肃宗。据记载，李亨还是太子的时候，经常陪玄宗李隆基吃饭。一次，御膳房烤制了一些熟肉，里面有烤羊腿，李隆基让李亨拿刀把羊腿割开，李亨却用手把羊腿撕开了，羊油沾了一手。李亨命人取来一个饼，慢慢地把手上的油全部擦在饼上。李隆基看到后十分不高兴，因为他觉得李亨这样做太浪费了。

但让李隆基意想不到的是，李亨用饼擦完油，把沾满羊油的饼津津有

国学名句集锦

丧贵致哀，礼存宁俭。

——《后汉书·显宗孝明帝纪》

味地吃了下去。李隆基看罢，心里十分高兴。对李亨道："确实应当珍惜如今的幸福生活。"

李亨的节俭并不是一种伪装。唐玄宗时期，发生了安史之乱、宫廷政斗，李亨几乎没有过上几天好日子。在他执政期间，率领唐军平定叛军的名将郭子仪也是个节俭的人。郭子仪常常让人把书边上多余的纸裁剪下来，日复一日地攒着，有需要的时候就拿来用；公文之类的纸品，也是看完都收起来，仔细装订好，让手下翻过来再次使用。有一次，裁纸刀折断了，"不余寸许"，负责裁纸的小吏却没有丢掉了事，而是找了两块小木片，"加于折刃之上，使才露锋芒"，继续使用。郭子仪欣慰地说："这才是我郭子仪的好部下啊。"

郭子仪身为名将，功绩很大。唐肃宗曾感慨道："虽吾之家国，实由卿再造。"但是功劳太大，就有可能会带来无端祸事。著名戏曲《醉打金枝》就是以郭子仪一家为背景创作的。由于郭子仪平叛有功，唐肃宗将升平公主赐婚于他的儿子郭暧，郭暧希望升平公主如同普通百姓家的媳妇一样，每日向自己父母行礼请安，但升平公主认为自己是皇帝的女儿，不必向公婆行礼，反而应该接受公婆的请安。因为这件事，小两口常常争吵甚至动起手来。然而唐肃宗宽宏大量，并没有加罪给郭暧。

郭子仪是三朝元老，郭子仪屡次"逢凶化夷"，节俭慎行是一个极其重要的原因。史传郭子仪的府门从来都不关闭，无论是谁都可以进入。郭子仪之所以这样做，不仅迎合圣上推行的节约之风，还证明自己没有贪欲，没有贰心。

毛泽东的保卫人员李银桥说："到北京以后，毛泽东接见各民主党派人士和各界代表、知名人士。他在见到张澜前，嘱咐我说：'张澜先生为新中国做了不少贡献，享有很高威望，我们应当尊重老先生，你帮我去衣

国学名句集锦

侈不可极，奢不可穷，极则有祸，穷则有凶。

——北宋·邵雍《奢侈吟》

柜里挑选一件好点的衣服.'我便去毛泽东的衣柜里翻,可是找了半天都找不到一件不破或者没打补丁的衣服。这就是毛泽东进北京时的全部家当——一件像样的衣服都没有。因为他说过'去北京赶考'的话,所以我对他说:'主席,你这个秀才真穷,没有一件好衣服。'毛泽东说:'历来富贵子弟考不了状元。安贫者能成事,能嚼菜根才会考出好成绩。''现在找衣服也来不及了,要不我去借一件?''不用借了,整齐干净就行。老先生是通达之士,不会怪罪。'就这样,毛泽东穿着补丁衣服见张澜,然后又穿着这件衣服见李济深、郭沫若、沈钧儒、陈叔通……我心里十分过意不去。中共的最高领导人竟连一件像样的衣服都没有!后来,毛泽东要上天安门宣布中华人民共和国成立时,才请人为他量身做了一身新衣服。"

随着我国社会主义事业的蓬勃发展,拜金主义、享乐主义有所滋长,比阔气、讲排场现象层出不穷,战争年代的一些优良作风在这里被淡忘了。有些人甚至对这些传统美德不以为然,认为已经过时。党员干部应当保持清醒,虽然现在物质条件比过去改善很多,但我国现今仍处于社会主义初级阶段,全国人民的生活并不是很富裕,社会主义建设需要做的事情还很多,坚持勤俭节约,反对铺张浪费之风刻不容缓。

2013年1月17日,习近平在新华社《网民呼吁遏制餐饮环节"舌尖上的浪费"》材料上的批示中强调,浪费之风务必狠刹!要加大宣传引导力度,大力弘扬中华民族勤俭节约的优秀传统,大力宣传节约光荣、浪费可耻的思想观念,努力使厉行节约、反对浪费在全社会蔚然成风。各级党政军机关、事业单位,各人民团体、国有企业,各级领导干部,都要率先垂范,严格执行公务接待制度,严格落实各项节约措施,坚决杜绝公款浪费现象。要采取针对性、操作性、指导性强的举措,加强监督检查,鼓励节约,整治浪费。

国学名句集锦

节俭朴素,人之美德;奢侈华丽,人之大恶。

——明·薛瑄《读书录》

明辨——慧眼善识人

"君子之所人不及，在君慧眼善识人"是曾国藩的名言，他自己就是一个识人用人的高手，并组建了以自己为核心的战斗力极强的团队。老对手石达开对其评价是："虽不以善战名，而能识拔贤将，规划精严，无间可寻，大帅如此，实起事以来所未见也。"

春秋战国时期，宋国有人得到一块璞玉，打算献给大夫子罕。子罕不接受，这个人便说："这可是宝玉，只有君子才配拥有，我们这种下人不配拥有。"子罕回答："你认为它是宝贝，我却以不贪婪为宝贝，我们何不守住自己的宝贝？"

宋人以"璞玉"为宝，君子以"不贪"为宝。好多人听完这个故事后，都轻视宋人而对子罕刮目相看。其实这个宋人说的也不是全无道理。"宝玉"是宝，"不贪"也是宝。"宝玉"是"物质"，而"不贪"则是"精神之宝"。我们既需要"物质之宝"，也需要"精神之宝"。但是在很多人眼里，"物质之宝"比"精神之宝"更为重要。子罕精神的可贵，不在于

国学名句集锦

观其交游，则其贤、不肖可察也。

——《管子·权修》

他不爱宝玉，而是在于他知道哪个宝重要。

从古至今，有成就的皇帝大多以人才为宝，如汉高祖刘邦就是一个知人善任，虚心接受建议的人。娄敬劝说他不要在洛阳建都，去长安建都，他便听从建议去了长安。项羽向东退兵后，他也想到长安休养生息，张良说，不要管城下之盟，赶紧进攻。他立马听从了张良的建议，向东进军。韩信请求封"假齐王"，刘邦推说不行，张良给了他一个暗示，他立马改口说，为什么封假的，要封就封真的。

刘邦似乎没有长处，但他却具有过人的胆魄和非凡的组织才能。当起义军一开始推举领袖时，知识分子出身的曹参、萧何等人生怕造反失败，累及家人性命，都互相谦让，而刘邦却不怕，"舍得一身剐，也要把皇帝拉下马"，当仁不让地做了首领，而这些文化人也甘心归附。刘邦知人善用，充分发挥了每个人的特长。

刘邦这样评价自己："运筹帷幄之中，决胜千里之外，吾不如子房；镇国家、抚百姓、给馈饷，不绝粮道，吾不如萧何；连百万之众，战必胜，攻必取，吾不如韩信。此三人，皆人杰也，吾能用之，此吾所以取天下也。项羽有一范增而不能用，此其所以为我所擒也。"

萧何、韩信、张良是历史上有名的"汉初三杰"。其实陈平、韩信等原本是项羽麾下的大将，因得不到项羽重用才"弃暗投明"的。刘邦虽然出身并不高贵，也没有多少家财积累，但是他从善如流又"得道多助"，才以一个出身贫寒的"莽汉"打败"西楚霸王"项羽而赢得天下。

当代干部的选拔也要遵循任人唯贤的原则，所以，对于领导干部来说，识别人才就是一项非常重要的工作。党和国家在干部的选拔和培养上，首先注重品德，个人的品行影响着一个人的发展和前途，也是开展各项工作的基础，如果一个人的品德不够好，或者领导层面没有发现下属的

国学名句集锦

藏大不诚于中者，必谨小诚于外，以成其大不诚。

——《晏子春秋·外篇第七》

品德不够好，很容易造成不可挽回的损失。习近平多次谈到个人品德和家风的问题，因为个人的品德决定了家风，而党员干部的家风，不是一个人的事情。只有品德高，才能家风正；只有家风正，才能民风淳；只有家风正，才能政风清；只有家风正，才能党风端。

现如今很多落马官员都因为自身品德不过关，受到身边人的牵连或者家风不正导致家族式腐败。干净做人，公正做事应该是每个党员干部必须具备的品质，唯有做到了"清白"二字才不会滋生腐败。在选拔任用干部的时候尤其要从此角度入手，慧眼识人，知人善任，才能形成良好的能量场，确保各项工作正常有序运行。

国学名句集锦

君子不谓小善不足为也而舍之，小善积而为大善；不谓小不善为无伤也而为之，小不善积而为大不善。

——《淮南子·缪称训》

谦逊——满招损，谦受益

"满招损，谦受益。"出自《尚书》。意思是，人要谦虚，自满使人遭受损失，谦虚使人进步。

公元前 701 年春，掌管楚国军政大权的屈瑕率领本国军队，在郧国的城邑蒲骚与郧、随、蓼等诸侯国的联军对抗。由于对阵一方的兵马众多，屈瑕便请求楚王增派军队。而将军斗廉认为，敌方联军虽然众多，但是人心不齐，只要能打败郧国，整个联军将会分崩离析，他建议屈瑕集中兵力先攻破蒲骚。屈瑕采纳了斗廉的意见，果然大获全胜。

屈瑕本来是个看重外表又无自知之明的人，得到了这次的胜利，他就骄傲自满起来，自认为是"常胜将军"，从此任何人他都不放在眼里。这样又过了两年，楚王派屈瑕率军去攻打罗国。出师的那天，屈瑕披上战衣，威风凛凛。

大夫斗伯比在回朝的时候，对着驾车的人说："我估计这次屈瑕出征一定会吃败仗，你看他走路时，脚尖抬得高高的，神气十足的模样，如此还能冷静、正确地指挥战斗吗？"

国学名句集锦

伐矜好专，举事之祸也。

——《管子·形势解》

　　斗伯比思来想去，总是感觉不妥，就去求见楚王，建议楚王即刻给屈瑕增加军队，可是楚王没有采纳他的建议。回宫后，楚王无意中告诉了他的夫人邓曼这件事情。邓曼是一个聪明而有见地的女子，听了楚王的话之后，认为斗伯比说得非常有道理，同时也建议楚王要赶紧派兵去援助，否则就来不及了。

　　楚王听了夫人的话，细细思索，这才恍然大悟，马上下令增派部队前去支援，可惜已经晚了。屈瑕到了前线，果真骄傲不可一世、武断专横达到了极点。等他所率领的楚军到达罗国都城时，对方早早就准备好迎战，可是屈瑕却因为过于自信，丝毫不作戒备，结果遭遇了罗军与卢戎两支军队的夹攻。楚军伤亡惨重，屈瑕也因战败羞愧自杀。

　　人要想获得成功，就必须保持谦逊的态度。如果缺乏这样的心理素质，是难以成就大业的。

　　周恩来也是一个非常谦虚的人。1936 年，西安事变发生后，各方都付出了积极的努力，让西安事变得以和平解决，十年内战的状态结束，形成了抗日民族统一战线，开启了国共合作的新时期。对于周恩来在解决西安事变中起到的作用，亲身经历过事变的罗瑞卿、吕正操、王炳南等人的评价是，如果当时没有周恩来在，党中央的和平解决西安事变的方针，是很难得到贯彻的。

　　西安事变解决之后，周恩来回到延安，碰见了刚刚完成剿匪任务回来的同志们。一见面他就非常高兴地说："听说你们剿完匪胜利回来了！"那一位同志说："我们算不上什么，副主席这趟去西安解决事变，才真的是打了个大胜仗，你才是真正的胜利归来啦！"他却说："话可不能这样说，我这个胜仗全得靠党中央、毛主席的指挥英明啊！"

　　1945 年 4 月 23 日，在抗日战争即将结束之际，毛泽东在七大所作的

<hr />

国学名句集锦

不能则学，不知则问。虽知必让，然后为知。

——西汉·韩婴《韩诗外传》

开幕词《两个中国之命运》的最后指出，"我们应该谦虚、谨慎、戒骄、戒躁，全心全意地为中国人民服务"，"只要我们能够这样做，只要我们有正确的政策，只要我们一致努力，我们的任务是必能完成的"。

1949 年 3 月 5 日，新中国成立前夕，党的七届二中全会报告时，毛泽东又告诫全党："夺取全国胜利，这只是万里长征走完了第一步。""中国的革命是伟大的，但革命以后的路程更长，工作更伟大，更艰苦。这一点现在必须在党内讲明白，务必使同志们继续保持谦虚、谨慎、不骄、不躁的作风，务必使同志们继续保持艰苦奋斗的作风。"

骄傲的人，通常都眼高于顶，且又拒人于千里之外，这样一来易引起别人的反感，甚至遭人厌弃，特别是身居高位却目中无人，必定会因此给民众带来灾难。而谦逊的人，平易近人，懂得尊重别人，别人都乐于同他打交道。谦逊是一种美德，它能促使人不断进步，主动去做自己应该做的事，是成功的必要条件。

谦虚使人进步，骄傲使人落后。中国共产党已经成立九十多年，在这多年的奋斗历程中，取得的成绩是辉煌而伟大的，谦虚谨慎始终是我国共产党人最基本的态度，代表着共产党的形象。

国学名句集锦

己之虽有，其状若无；己之虽实，其容若虚。

——《贞观政要·谦让》

自勉——天下兴亡，匹夫有责

> 顾炎武说："天下兴亡，匹夫有责。"每一个有抱负的人都应该有远大的目标，以此勉励自己，在祖国需要的时候挺身而出。

"闻鸡起舞"这个成语出自《晋书·祖逖传》，后来被用来赞美那些勤奋刻苦的人。祖逖和刘琨是晋代两个著名的将领。祖逖24岁那年担任司州主簿，主管文书簿籍。而刘琨是汉代宗室中山靖王刘胜的后代，也是一个很有抱负的青年。他们志同道合，都希望能为国家出力，干一番大事业。

当时，西晋的皇族内部相互倾轧，争权夺利，少数民族首领乘机起兵作乱，国家安危受到严重的威胁，祖逖和刘琨对此非常焦虑。他们白天在衙门里勤恳工作，晚上回到住所后，便谈论国家大事、人生理想，谈论如何为国建功、报效国家，互相勉励，常常一谈就是大半夜。

这一天，他们又谈得很晚，刚刚入睡，刘琨就鼾声如雷。睡了不一会儿，祖逖突然听到鸡叫声，于是他叫醒刘琨说："你听，你听，这不是荒

知者不惑，仁者不忧，勇者不惧。

——《论语·子罕》

鸡的叫声吗？怕是天下要大乱了，我们此时还能安稳地睡觉吗？"刘琨揉了揉眼，想想说："对，我们应该居安思危！"于是两人即刻穿衣起床到院中，拔剑起舞。从此，二人就在自勉与互勉中刻苦学习和训练，终于都成为了文武双全的人。

清朝时期有个叫陈宏谋的人，官至东阁大学士兼工部尚书，他曾写过一副对联："惜食惜衣岂为惜财缘惜福，求名求利但须求己莫求人。"用以教育自己和家人要珍惜劳动所得，切不可铺张浪费，更要自力更生，创造财富。

1910 年秋天，毛泽东十七岁时，又一次违背父亲要求他去米行当学徒的意愿，去了离家五十多里地的湘乡县立东山高等小学里过着寄读生活，开始领略到外边的人情世故。他临走时特意为父亲留下了著名的诗句："孩儿立志出乡关，学不成名誓不还。埋骨何须桑梓地，人生无处不青山。"

毛泽东作为一个刚走出家门且尚未见过多少世面的农村孩子，常会受到一些顽劣小孩的戏弄和嘲笑，更有甚者直接讥讽他"老土""乡巴佬"。毛泽东内心愤愤不平，却又不好发作。有一次，老师出了一道要抒发自己的情感以及志向的作业题，要求所有的同学，根据自己的所见所闻写一首诗或者一首词，以抒胸志，作为勉励。

毛泽东按时完成了作业。他在《咏蛙》诗中这样写道："独坐池塘如虎踞，绿杨树下养精神。春来我不先开口，哪个虫儿敢作声？"老师读着这篇充满王者气概的诗句，心里激动得发颤，发自肺腑地说："了不得，了不得！这个学生当真了不得！在他身上有王者之气，他将来一定是个很了不起的人物，将来必定成为国家的栋梁之才。"同学们也觉得，这首诗非常有气势，自叹不如。自此以后，再没有谁敢看不起毛泽东了，谁也不

国学名句集锦

邦有道，贫且贱焉，耻也；邦无道，富且贵焉，耻也。

——《论语·泰伯》

敢戏弄他了。

　　自我勉励对于党员干部来说是非常重要的日常工作，是每天工作的开始，是增强革命信心的重要手段，是确定共产主义理想之后划分每一个小目标的精神能量。党的事业和人民的事业，是要靠千千万万个党员的忠诚奉献而不断铸就的。不忘初心，方得始终。党员干部一定要始终在党爱党、在党为党，心系人民、情系人民，以忠诚一辈子、奉献一辈子为目标，用自己的实际行动，团结并带领亿万人民为实现"两个一百年"的奋斗目标，实现中华民族伟大复兴的梦想而共同奋斗。

国学名句集锦

　　见不尽者，天下之事；读不尽者，天下之书；参不尽者，天下之理。

——明·冯梦龙《警世通言》

第七章　交　友

　　交友并非小事，尤其是党员干部交友，不可不慎重，交友过程中的种种思虑也不可不细致，这不仅是对党员干部的要求，更是对其人格和党性的考验。邓小平曾说过，朋友要交，但心中要有数。党员干部时常面临着各种考验，必须自觉地审视自己的社交圈，有原则地与人交往，防患于未然，永葆共产党人的政治本色和浩然正气。

◎**慎择**——益者三友，损者三友

◎**近贤**——近朱者赤

◎**真诚**——人无信不立

◎**勿匿**——行正大之言

◎**解仇**——冤家宜解不宜结

◎**不争**——士有三不斗

◎**纳谏**——从善如流

◎**和合**——君子和而不同

慎择——益者三友，损者三友

孔子曰："益者三友，损者三友。友直，友谅，友多闻，益矣。友便辟，友善柔，友便佞，损矣。"意思是说，对自己有益的朋友有三种，对自己不好的朋友有三种。与正直的人交朋友、与真诚的人交朋友、与知识丰富的人交朋友是有益的，与阿谀奉承的人交朋友、与阳奉阴违的人交朋友、与口蜜腹剑的人交朋友是有害的。

战国时期，魏国的大夫庞恭要陪魏太子到赵国当人质，临行前他对魏王说："如果一个人说街市上面出现了老虎，大王相信吗？"

魏王道："我不会相信。"庞恭说："若两个人说街市上有老虎，大王相信吗？"魏王道："将信将疑。"庞恭又问道："倘若多个人说街市上有老虎，大王信吗？"魏王道："我信了。"

庞恭就说："街市上肯定不会有老虎，这是很确定的，可是经过多

国学名句集锦

骄倨傲暴之人，不可与交。

——《管子·白心》

个人一说，就好像真的有老虎了。现在的赵国离魏国比我们城的街市远多了，议论我的何止三个人，如果我离开后有人说我坏话，望大王明察才好。"魏王道："我自有分寸。"可是等太子从赵国回来，魏王却真的听信了小人对庞恭的诽谤，没有再召见庞恭。这就是"三人成虎"的故事。

作为党员干部，想要判断一件事情的真伪或属性，一定不能偏听偏信，必须要经过细心考虑，否则就容易把谣言当真。在必要的时候，如果要评论他人，也要小心谨慎，一定要再三观察再下论断。否则，妄加揣测就是诽谤，有时候不经意说的一句话，可能会给他人带来严重的伤害。

西汉时期，有一个齐国人叫邹阳，他听别人说梁孝王礼贤下士，就到梁国来游学，还上书给梁孝王，畅谈天下大事，借以展示自己的才华。羊胜和公孙诡是邹阳的好朋友，他们也是有才之人，可是羊胜嫉妒邹阳的才华，几次三番在梁孝王面前说邹阳的坏话。终于，梁孝王听信了谗言，下令将邹阳关进大牢，准备处死。

邹阳十分愤怒，他非常不甘心就这样被小人陷害。于是，他在狱中写了一封信给梁孝王，信中列举事例说明：待人真诚便不会被人怀疑，完全是一句空话。

他写道："当年荆轲冒死为燕国太子丹去行刺秦始皇，可太子丹还是一度怀疑他是胆小畏惧的人，不敢立即出发；卞和进贡宝玉给楚王，可楚王偏偏说他犯了欺君之罪，随后下令砍掉他的双脚；而李斯尽力辅助秦始皇执政，使得秦国富强，结果也被秦二世处死。俗话说，人与人的关系就是'白头如新，倾盖如故'，如果交往的双方互相不了解，即使相处一辈

国学名句集锦

以财交者，财尽而交绝；以色交者，华落而爱渝。

——《战国策·楚策一》

子，头发都白了，也还是如刚认识一样；真正相互了解的，即使是初交，也如同老朋友一样。相知与否，并不在于相处时间的长短。"梁孝王看了邹阳的信后，非常受感动，于是把他释放，又奉为上宾。

友情是不能完全靠理智去对待的情感。两人之间的友谊与地位无关，也与年龄无关，更与时间无关。有的人，你即使和他相处一生，他也不能了解你内心深处的想法；可是有些人，你们即使只是刚刚相遇，他也能够看出你心底最深处的想法。朋友是人的一生中很宝贵的财富，你不单要知道财富是何物，还要能善于创造财富，善于在茫茫人海中找到你的知心朋友，还要及时把那些无法沟通、影响人生价值、为自己带来负能量的人驱逐出朋友行列中。

近几年来，一些落马贪官在悔过书里都会说到这样四个字——"交友不慎"。更有人在法庭上捶胸顿足："就是那帮朋友害了我！"其实，很多官员的所谓"商界朋友"之所以要和他们交朋友，其根本目的并非所谓的"惺惺相惜"，而是冲着他们手中的权力来的，是想从他们身上得到利益。如李春城、聂春玉等人，之所以落得个身败名裂的下场，也确实是与交友不慎有很大关系，他们的落马，再一次敲响了警钟——党员干部交友不可不慎。

在十八届中纪委三次全会上，习近平告诫广大党员干部："干部都是党的干部，不是哪个人的家臣。"中国共产党绝对不是谁的专属圈子，党内绝不允许搞小团伙、拉帮结派、利益输送，更不允许前倨后恭、阳奉阴违。想要站住脚，真正的"护身符"不是打入某个"圈子"，也不是成为"谁的人"，而是得到党组织和群众的认可。

国学名句集锦

交友投分，切磨箴规。

——南朝·梁·周兴嗣《千字文》

少数党员干部应该对自己滥交朋友的行为进行反思，喜欢听奉承话就约束好自己，与溜须拍马的人保持距离，贪图享乐的人不适合在党内工作，为人民服务要付出很多辛苦，不正当的人际交往是党员干部腐化堕落的加速器。

"君子之交淡如水。"人生一世，谁也不能孤立存在，所以我们的确需要交友。党员干部应当结交积极而有益的朋友，要从工作出发，从事业出发，从党和人民的利益出发，慎重对待，择其善者而交往之，逢其不善者而弃之，万万不能忘了原则。

"苍蝇不叮无缝的蛋。"党员干部应把修身当作人生的第一门功课，加强党性修养，坚定理想信念，提升自己和身边人的道德境界，追求更加高尚的道德情操，远离低级趣味，自觉抵制社会上的歪风邪气，不要被人投其所好，进而加以利用。

国学名句集锦

立身成败，在于所染。

——唐·魏徵《十渐不克终疏》

近贤——近朱者赤

亲近好人就会学好，亲近坏人就会学坏。正如西晋傅玄在《太子少傅箴》中说："故近朱者赤，近墨者黑；声和则响清，形正则影直。"

周成王还在襁褓中的时候，周武王就请召公做太保，请周公做太傅，请姜太公做太师，来共同教导他。周成王还请了全国最有学问和最有德行的人来担任太子的老师，使这些贤德之士从正面影响他。"太保"就是要保护太子的身体，让他的言行都中规中矩；"太傅"就是对太子进行德育，培养他高尚的道德品质；"太师"导之以教训，给太子一定的教育训诲。

另外还有"三少"——少师、少傅、少保，他们都是陪伴太子日常起居的人，负责把太傅、太师、太保教给太子的事情在日常生活中演示出来，让太子能够看到。所以，太子从出生之日起，"三公""三少"就教导他要孝敬父母、要有仁爱之心、明礼之义，拿这些来引导太子，并选择"孝悌博文有道术者"，一起来辅佐太子，让这些人和太子一起生活，让那些邪曲不正的人和事都远离他，不让太子看到恶人，不让他受到恶人行为

国学名句集锦

仁者在位而仁人来，义者在朝而义士至。

——西汉·陆贾《新语·思务》

的影响。

所以，太子一出生看到的都是正事，听见的都是正言，行的都是正道，前前后后所侍奉他的人也都是正人，所以他"习与正人居之，不能无正"，他所有的行为就不得不端正，正所谓"少成若天性，习惯如自然"。

古人就是这样教育儿女的。虽然一般的家庭教育子女不像教导太子那样讲究，但同样都非常重视对儿女的教育，父母的言行举止都非常地谨慎小心。如今很多做父母的人并不懂得这一点。比如说，父母将孩子抱在怀里，父母骂人、说谎的时候，这些都被儿女听到、感受到，结果孩子也学会了骂人、说谎，这便是"身教胜于言教"的结果。

贤者总是明辨是非、惺惺相惜的。1949年1月31日，北平终于和平解放。2月，傅作义乘坐飞机从北平到达石家庄，再乘吉普车到西柏坡。周恩来接见了他，并对他说："傅先生维护人民的利益，和平地解决了北平问题，从而避免了一场战争。不然，这场战争会给人民带来巨大的伤害。"周恩来说："我党欢迎你与我们合作。我们之间的合作是历史性的。抗日战争中，我们合作打日本。那时候，我们合作得不是很好吗？"周恩来还说："我们准备在解放区召开一次民主党派与无党派人士的会议，目的在于想要成立中华人民共和国的临时中央政府。现在北平已经和平解放了，我们可以在北平召开会议。你也可以参加这次会议。你既是有党派人士，也是有功的将领，参加这次会议，也是具有代表性的。"周恩来坦诚的态度和恰当的处事方式，给傅作义留下了深刻的印象。

就在当天下午，毛泽东和朱德也会见了傅作义。傅作义此行在西柏坡住了两天，并与革命友人密切接触，在思想上有了很大的进步。临走时，他一再向周恩来表示："你对我的帮助非常大，我非常感谢你。"周恩来又说："咱们就从现在起，是一家人了。一家人不许说两家话，有什么事情

国学名句集锦

治世不得真贤，譬犹治疾不得真药也。

——东汉·王符《潜夫论·思贤》

和什么意见以及想法，不要顾虑，随时可以提出来商量。随时可以找我谈，也可以随时找毛主席谈。如果毛主席忙，你可以多找我，找其他中央的领导同志谈也是可以的。"

领导干部的手里有权，周围就不乏巴结你、讨好你、拉拢甚至腐蚀你的人。这时，对你敢说真话的诤友就要格外珍惜。如果身边的朋友敢于提出相反意见，敢违背你的意愿，还据理力争的朋友很多，恰恰说明了你是一个心胸宽大、兼容并包的人；如果周围的人一团和气，说什么都是随声附和，这样反而不正常。对于那些敢于直言、善于批评的人，领导干部需要有雅量，因为这些人才是值得信赖的朋友。

领导干部常常是一人身担重任，负责各方，难免会发现自己的学识与才情有所欠缺，所以要有能力结交到让自己"见贤思齐"的朋友。交友是一个取长补短、观察自己不足的好方法，常与那些学有专长、思维敏锐、见识广博的朋友探讨交流，既可以巩固友谊，又能够获取新的信息、学习新的知识、增长新的才干，对党的事业也是大有裨益的。而这些品德高尚、境界崇高的朋友更像是一面镜子，可以反映出自己的缺点和胸怀。若身边都是平庸之友，党员干部自己身处"曲高和寡"或"高处不胜寒"的领导地位，说明你没有能力去发现真正有才华和有品格的朋友。

曾国藩曾说："一生之成败，皆关乎朋友之贤否，不可不慎也。"对于领导干部来说，我们必须避免交无德、无义、无耻的朋友，更要明白怎样才能做到"择善而交"。

国学名句集锦

求贤若不及，从善如转圜。

——北宋·苏轼《吕惠卿责授建宁军节度副使本州安置不得签书公事》

真诚——人无信不立

> 《论语》中说："人而无信，不知其可也。"意思是说，人如果失去了诚信，不知道他还能做什么。这句话告诉我们，在交往中要真诚，没有诚信是无法立足于社会的。

春秋时期，吴王寿梦有四个儿子，其中季札是年龄最小的。虽然他年纪小，但是展现出了高超的治国能力，寿梦在世时就想把王位的继承权交给他，但季札却没有答应，寿梦只好让长子诸樊继承王位。

在这之后，季札受吴王的托付出访北方，拜访了徐国的国君。徐国国君举行了宴会接待季札。在宴会中，徐君看到了他佩带的宝剑，甚是喜爱，流露出羡慕之情。当时，吴国的铸剑技术闻名于世，季札作为一国的使节，且是一国王子，所佩带的宝剑自然不是凡品。

季札当然也看出徐国国君的心意，于是就打算把这柄宝剑赠送给徐国国君，作为两国友好的纪念。但是这把宝剑是父亲赐给季札的，也是他作为吴国使节的一个身份象征，他到其他的诸侯国时必须带着它才行，现在自己的使命还没完成，又怎么能把宝剑赠予别人呢？季札暗自许下承诺，

国学名句集锦

君子不重则不威，学则不固。主忠信。无友不如己者，过则勿惮改。

——《论语·学而》

返回时一定把宝剑献上。

后来，季札离开徐国，先后到鲁、齐、郑、卫、晋等地进行出访，返回的途中经徐国，季札想起了自己暗自许下的诺言，于是去拜访徐国国君以向他赠剑，却得知徐国国君已经去世了。

季札未能履行自己的诺言，感到十分愧疚，他怀着悲伤的心情，来到徐国国君墓前祭奠，祭奠完之后，解下了身上的宝剑，挂在墓地旁的树木之上。随行人员十分不解："徐国国君已死，你还将这么贵重的宝剑留下干什么呀？"季札说："当时我的内心已答应将宝剑赠予他，我不能因为他已经去世了，就违背自己的心愿啊！"

人若不诚，不能存世。季札虽然当时没有对徐君许诺，只是在心中默默地许下了赠剑的愿望，是否履行这个愿望，完全由自己决定，更何况徐国国君已经去世。但季札并没有将徐国国君的死当成自己不履行承诺的理由，因为履行承诺是为了自己的良心得以安慰。一个已经亡故的"许诺"对象，一把挂在坟前的珍贵佩剑，诠释了季札心中的"诚"。相比那些对别人许下诺言却惯于寻找各种借口不履行的言而无信的人来说，季札的举动无疑做出了一个良好的表率，展现了道德高尚之人的品格。

1980 年，姚明出生于上海市，他因为出色的技术成为美国 NBA 球员，成为中国篮球史上杰出的代表人物。作为七次入选 NBA "全明星"、被中央体育总局授予"体育运动荣誉勋章"与"中国篮球历史杰出贡献奖"的体育明星，姚明无疑是当代中国最具声望的体育健将之一，同时也是世界上声名远扬的华人运动员。谈到取得的成绩，以及拥有国内外篮球界数名好友的原因，姚明坦言，"真诚"是非常重要的。小时候，他曾因待人不真诚被家人惩罚，所以他对家风家教的最深体会是两个字"真诚"。

清人郑板桥诗云："衙斋卧听萧萧竹，疑是民间疾苦声。些小吾曹州

国学名句集锦

真者，精诚之至也，不精不诚，不能动人，故强哭者，虽悲不哀；强怒者，虽严不威；强亲者，虽笑不和。

——《庄子·渔父》

县吏，一枝一叶总关情。"封建时代的朝廷官吏尚且能体会群众的疾苦，作为"人民公仆"的各级领导干部应该更加努力地为人民群众做事，心中怀抱一腔真情，对人民群众的甘甜苦辣感同身受，想群众所想，做群众所做，办群众所需，真心诚意地为人民群众办实事，一丝不苟地解决各种难事，坚持不懈地做好事。

诚信是社会主义核心价值观的重要内容，是公民基本道德规范，是社会主义市场经济的基础。党中央国务院高度重视诚信建设，党的十八大提出深入开展道德领域突出问题专项教育和治理，加强政务诚信、商务诚信、社会诚信和司法公信建设；党的十八届三中全会强调建立健全社会诚信体系，褒扬诚信、惩戒失信。

在人民群众面前，党员干部的言行举止都关乎党的形象，关乎人民群众对于党的认识和了解。在工作面前，在群众眼前，党员干部应该是言行"透明"的，没有什么不能在阳光下大方展现出来，真诚地表现出来。要深刻认识到党和人民群众的内在联系，建立起对人民群众的感激之心，才能为人民群众真心实意地办好事、办实事。饱含真诚才能用心服务，有理有节持之以恒，才能坚持党性原则。这就要求党员干部做事要合乎情理，对人民群众表里如一，做实在事、当贴心人，把工作做好、把任务办实、把实事办妥，才能被组织赞许，被人民群众认可。

共产党员不是圣人，在日常的工作开展中难免会出现这样或那样的偏差，难免暴露出让群众不认可、不满意的地方。面对群众的质问和责难，要有宽厚、大度、包容的气质，真诚地倾听来自不同阶层的意见和评价，不怕揭短、不怕阻碍。做错的地方，立即纠正；出现理解误会，马上调节，做到坦坦荡荡，问心无愧。弄虚作假、纸上谈兵只会让人民群众认为不可信、靠不住，长此以往，对于党内工作的正常开展会产生很大影响。

国学名句集锦

用心于正，一振而群纲举；用心于诈，百补而千穴败。

——北宋·苏洵《权书·用间》

勿匿——行正大之言

> "以迈往之气，行正大之言。"出自宋朝文学家苏轼的《乐全先生文集叙》。意思是，以豪迈的勇往直前的气概奋进，说话要说光明磊落的话，做正大光明的人。

东汉时期有一名官吏叫杨震，此人自幼就刻苦学习，通晓经史，人称"关西孔子"。不过杨震不喜仕途，一直在本地的私塾教了二十多年的书。后来，大将军邓骘得知他的才能，就下令征召他当官。杨震当官后为官清廉，前后经历了四次升迁。在他前往荆州当刺史之时，他的旧友王密怀揣着十斤黄金深夜来访问他。

杨震拒绝接受王密手中的黄金，说："虽然我们是老朋友了，然而你却不了解老朋友的心思，这是为什么呢？"王密回答道："这么晚了没有人会知道的。"杨震勃然大怒说："天知道，地知道，我知道，你知道，怎么会没有人知道呢？"王密感到非常羞愧，于是就走了。

后来，杨震又调任到涿州当太守，同样也保持坦荡勿匿。他一直拒绝别人的私下拜请。他的妻子孩子吃的是粗茶淡饭，出门也都是步行。有的

国学名句集锦

莫知其子之恶，非智损也，爱弃之也。

——《尸子·广泽》

时候，杨震的长辈和朋友会劝其给子孙们置办些产业，留些财富，杨震却说："我要做一个清白的官，让我的子孙也同样清白。我把这种传统留给子孙后代，这才是最丰厚的财产。"

北宋名臣范仲淹的千古名句"先天下之忧而忧，后天下之乐而乐"千古流传。范仲淹不仅是个忧国忧民之人，也是一个具有坦荡胸襟、敢于直言劝谏的忠臣。范仲淹初涉朝堂便发现，仁宗皇帝虽然已经是弱冠之年，但是朝中各种军政财务大权仍然由年逾花甲的太后执掌，这种情况让范仲淹感到十分不妥。天圣七年（1029）冬至，太后违背祖制，竟然要让仁宗皇帝和百官聚集在前殿，一起给她叩头庆祝寿辰。范仲淹觉得，皇帝给太后叩头庆寿，这是属于皇帝的家事，理应在后宫进行，而前殿是办公的地方，是皇帝与百官商议朝政、处理要务的地方，太后寿诞是家事，在办公场合行家礼，有损皇朝的尊严。因此，范仲淹上书朝廷，要求太后取消叩头，同时还要求太后停止垂帘听政，归权于仁宗皇帝。

范仲淹的这一封奏疏，先是递交到了举荐他的大臣晏殊手上。晏殊看了之后大为恐慌，他提醒范仲淹别触怒太后，否则不仅会毁了仕途，还可能连累自己。对晏殊一向敬佩仰慕的范仲淹解释说："我正因为受了您的荐举，才怕不能够尽到应尽的责任。"晏殊听后深感惭愧，默许了范仲淹的奏请。虽然范仲淹因这件事被贬，但当时民间百姓都赞赏他的勇气。

抗日战争期间，八路军办事处接到了一封密札，信中写道："兹召开国民政府有关保卫武汉的军事商谈会议，拜请周恩来阁下务必参加，望于下午二时到珞珈山，恕催。"密札送到的时候已经一点二十分了。董必武看后，十分愤怒地说："明明两点开会，但是通知却一点半才送到，这不是存心欺负人么？"周恩来说："是啊，这就说明他们成心不想让我参加会议，但是又不好明说，怕坏了他们的事，所以就采取这种卑鄙伎俩，想叫

国学名句集锦

朋而不心，面朋也；友而不心，面友也。

——西汉·扬雄《法言·学行》

咱们进退两难啊。"

　　不过转而他就提起公文包，走出房间，义正辞严道："可是，我们是光明正大的，没有丝毫隐瞒，有利于国共两党合作的事就要坚持到底，否则就据理力争！"为此，周恩来决心一定要赴会，赶忙坐车前往会场，以最快速度飞奔珞珈山。但是，依然用了两个小时。周恩来到达的时候，会议快要结束，可他的到来却出乎蒋介石的意料，他不得不道歉说："太抱歉，由于事太多，就没多等。不然这样吧，陈诚，你再把内容向周公诉说一下……"我们党坦诚的态度，使国民党企图利用阴谋诡计将共产党排斥在外的计划落了空。

　　在如今的官场中，有部分官员遵循"多栽花少栽刺""与人方便，与己方便"这种错误的为官理念，成为了官场"老好人"，人不犯我，我不犯人；更有甚者在表面上与大家"一团和气""和蔼可亲"，可是在背地里"说三道四"，这些行为都说明这部分官员存有私心杂念，心中有顾虑，做事也就不会秉着公心、光明正大，更不利于党内团结。

　　在参加河北省委党委专题民主生活会时，习近平指出，作为党的干部，必须要做到对党有永不动摇的信仰，同时也要做到坦荡做人、谨慎用权、不藏污纳垢。事靠人为，事在人为，想要全面建设一支德才兼备的高水平、高素质的执政骨干队伍，是非常艰难的，但是这却是我们事业成功的根本保证。在纷繁复杂的社会现实面前，处处充满诱惑和堕落因素，党员干部务必要把加强道德修养作为人生必修课，自觉从中华优秀传统文化中汲取营养，以道德的力量去赢得人心、赢得尊重。各级党组织要加强对党员干部的监督、教育和管理，用好选人用人考德这根杠杆，引导党员干部堂堂正正做人，堂堂正正为官，堂堂正正竞争、选拔、任用。

国学名句集锦

　　求名莫如自修，善誉不能掩恶也。

——北宋·欧阳修《唐王重荣德政碑》

解仇——冤家宜解不宜结

> 俗话说："冤家宜解不宜结。"这句话的意思是，人们之间的仇恨应该要去尝试化解，而不是继续加剧仇恨。

谚语云："仇恨永远不能化解仇恨，只有慈悲才能化解仇恨，这是永恒的至理。"

传说日本智空禅师是一名武士的儿子，在他出家前曾去江户川游玩。在游玩时他无意中遇到了一名高官并做了高官的随从。智空禅师在做随从时却和高官的妻子相爱了。时间一长，两个人之间的关系被发现，几人争斗起来。在打斗中，智空禅师失手击杀了那名高官，惊慌失措带着高官的妻子逃走了。

逃走的两人都已经习惯了奢侈的生活，没有了经济来源后，两人只好去做盗贼。高官妻子的贪得无厌让智空禅师实在难以忍受，最后他离开了她。在离开高官妻子后，智空禅师出家做了游方僧人。同时，为了弥补自己曾经犯下的过错，他决定要在活着的日子里一定要做一件大善事。

智空禅师知道有一个地方的悬崖十分危险，有很多人都葬身其中了。

国学名句集锦

为无为，事无事，味无味。大小多少，报怨以德。

——《老子》

他打算从悬崖下面打通一条隧道，让人们可以安全地通过悬崖。智空禅师白天去化缘，晚上就来挖隧道，时间一天天过去了，整整二十八年时间，智空禅师终于快要打通这条两千米长的隧道了。

这时，当年高官的儿子学成剑道来找智空禅师报仇，智空禅师只是平静地对他说："我心甘情愿地把我的生命交给你。但是，请让我挖成这条隧道，等到这件工作完成的那天，你就可以杀了我。"高官的儿子决定等智空禅师一段时间。这期间，他觉得无所事事，就帮着智空禅师挖隧道。随着隧道的挖掘，高官儿子逐渐升起了对智空禅师的敬佩之情。

两年后，隧道挖好了，人们可以安全地从这里通过了。智空禅师叹了口气，对高官的儿子说："隧道完成了，我心愿已完成，现在请你砍我的头吧。"谁知高官的儿子并没有动手，而是满含热泪地说道："你是我的老师呀！我怎能下手砍自己老师的头呢？"

智空禅师正是凭借自己的慈悲和对世人的大爱，消弭了复仇者心中仇恨的火焰，最终使得高官的儿子改变了报仇的想法。

人们常说"人之初，性本善"，现实社会中，无论是工作还是生活，都要学着与人为善，要和家人和同事好好相处。对待任何人都不要将他们当敌人来看待，更不要因为一点小小的利益而互相争夺，仇视对方。要知道，冤家宜解不宜结，以德报怨，对方最终将会明白你的苦心，你将收获一个很好的朋友。以怨报怨，只会让你们之间的关系变得更加疏远，怨恨将会加剧。

现阶段，部分群众对国家机关的某些公务人员有一种不满心理，其实这种心理是有原因的。在毛泽东时代，涌现出许多像焦裕禄那样的国家干部，这些干部甘愿放弃自己的利益，而不愿损害人民群众一丝一毫的利益。对于这样的干部，人民群众只有热爱，怎么可能会不满呢？如今，有

国学名句集锦

或曰："以德报怨，何如？"子曰："何以报德？以直报怨，以德报德。"

——《论语·宪问》

些地方的党员干部整日高高在上，对群众疾苦不闻不问，甚至还肆意盘剥人民群众的利益。试问这样的党员干部，如何能让人民群众满意？

身为一名党员干部，必须要坚持以人民群众为中心，这既是立党之本，也是构建社会主义和谐社会之根。党员干部凡事应以人民群众为核心，尊重人民群众的主体地位，发扬人民群众的创新精神。要以尊重人民、敬畏人民、相信人民为治国理政的核心价值理念，大力推行民主法制建设，从而进一步实现人民群众参与国家事务的愿景。

以人民利益为核心，以此展开党的一切工作，党员干部要树立起一种态度，即人民利益高于一切。当前多元化利益格局里，怎么才能让广大人民群众的利益得到最大化，这是党和国家首要考虑的一个问题，既现实又急切。不同的群众拥有着不同的、甚至是互相冲突的利益，而且随着社会架构的不断变化，这些利益也在逐渐改变着。

因此，如何真正做好以人民群众利益为核心，除了要坚持保证人民利益最大化外，还要为利益的实现提供更加通畅的制度化渠道，要以体制的力量来团结人民群众，使得人民群众拥有共同的根本利益目标，从而使人民群众在利益追求上团结一体。社会主义市场经济发展至今，面临的最大问题就是公平的问题，只有在坚持民主法治的制度下最大程度地保证社会主义公平化，才能确保人民利益得到保障。

国学名句集锦

德无细，怨无小。

——西汉·刘向《说苑·复恩》

不争——士有三不斗

> 曾国藩有句名言："士有三不斗：毋与君子斗名，毋与小人斗利，毋与天地斗巧。"《世说新语·言语》中也有"与人交往，以和为贵"的说法。人与人之间的交往需要讲究"和"，和气、和谐、和乐，良好的人际关系能够帮助我们更快更好地达成目标。

与人不"斗"、不"争"是"和"的第一个步骤。司马徽是东汉末年的名士，人称"水镜先生"，他很善于识别人才，曾把徐庶推荐给刘备。司马徽所在的荆州当时在刘表的管辖范围内，司马徽早就看出刘表为人懦弱、优柔寡断，而且妒贤嫉能，并不是一个好领导，在他手下做事不但不会有所成就，甚至可能会招致杀身之祸。于是他决定韬光养晦，假装愚钝，以不求功名利禄的姿态示人。每当有人来找他品鉴人物，问他某人如何、某人与某人有什么差别时，司马徽一概不多加评论，嘴里只是不停地说："好，好。"他的妻子听不下去，就对他说："人家有疑问才来问你，而你却不停地说'好'，这合乎人家来向你求教的目的吗？"司马徽回答

国学名句集锦

君子无所争。必也射乎！揖让而升，下而饮，其争也君子。

——《论语·八佾》

说："你这样说也很好。"

有一次，有人误以为司马徽家养的猪是自己家走丢的那只，司马徽便把这只猪让给了他。后来那人找到了自己家丢的猪，便很惭愧地将司马徽的猪送回来，并叩头赔罪，司马徽反倒很恭敬地向他道谢。

夏天养蚕的时候，司马徽的邻居有时候会在蚕将吐丝的时候，过来借养蚕器具，司马徽就把自己家正在养的蚕扔掉，然后将器具借给邻居。别人看了之后都很不解，对司马徽说："你这样做损己利人的事，是为什么呢？别人这样做都是因为求助的人事情紧急，自己的事不急。现在你和那人都面临蚕要吐丝的情况，缓急正相当，你这样做自己怎么办？"司马徽回答道："人家从来没有让我帮助过什么事情，现在有所要求，此刻我若不答应，人家会很不好意思，哪能因为一点财富而使别人难堪呢？"

现实生活中，人与人之间难免会发生矛盾，聪明的人会和和气气，尽量避免激烈争论，从而赢得别人的赏识。敬人者，人皆敬之；爱人者，人皆爱之。只要你以一种平和的态度对待朋友，就能牢牢抓住朋友的心，让他们心甘情愿地助你一臂之力，让你走向成功。"和"不仅仅是一个人的人生追求，而且是整个社会走向成熟的最高境界，建立和谐社会需要我们从细节、小事做起。

"和"固然好，但是也要看实力，更要识时务，切不可浮躁、激进。以名利为目的，追求好的名声和政绩，很快就会暴露出自己的本心，因为群众的眼睛是雪亮的。诚然，名利之心人皆有之，关键是如何对待名利，党员干部绝不应该以名利为目的去工作，沉溺于沽名钓誉，贪念欲求太重。

自古以来，君子多以淡泊名利自居。唐代诗人杜牧曾说："莫言名与利，名利是身仇。"白居易则更直接地指出："劝君少干名，名是锢身锁。

国学名句集锦

善则称人，过则称己，则民不争。

——《礼记·坊记》

劝君少求利，利是焚身火。"郑板桥在山东潍县任上，也曾这样告诫自己："名利竟如何，岁月蹉跎，几番风雨几晴和，愁雨愁风愁不尽，总是南柯。"粟裕将军"二让司令一让元帅"，陈云同志以"个人名利淡如水，党的事业重如山"的条幅警醒自己，当代党员楷模杨善洲同志一辈子追求"共产党员"这个光辉之"名"、"实现人民利益"这个崇高之"利"……这些光辉的人物形象应该是党员干部的榜样和奋斗目标，每个党员干部都应该努力追求这样的胸襟和大爱。

贪图、争抢功名利禄的起因是重心的偏离。有的党员干部把升迁看得很重，大搞形象工程、政绩工程，攀附高层，为了挤进所谓的"圈子"绞尽脑汁，观念扭曲，市侩腐化。有的党员干部本身从政的意图就是得到更好的待遇，而不是一心做人民公仆。现在约束和限制越来越严格，很多人就觉得不自在，干脆不作为，或者看见别人待遇好，自己不贪腐就不平衡，这些都是官场不良风气。更有甚者，利用媒体炒作自己低调、节俭、务实的工作作风，乘地铁、坐公交、下乡调研自带食物、上门走访困难户等等。时代不同了，宣传的手法虽然不断变化，但是沽名钓誉的本质没有变。出发点不对，伪装出来的"好官"当不长远，早晚会被群众揭发出来，最终身败名裂。

"正确对待名利"，这也是习近平对各级党员干部的要求。能否不为名所缚、不为物所累，守得住清贫之心、耐得住寂寞煎熬，清白做官、踏实做事，决定了能否赢得百姓的尊重和信赖。新时期，党的各项事业都在迅速发展，这既给了党中央和党员干部更好的条件来从容面对"进退"的环境和资源，也是对各级领导干部的一项新的挑战。不论职务高低、责任大小，都要牢牢抓住机遇，勇于面对挑战，不能沉溺于个人得失，不要计较锱铢小利，放宽胸怀，才能做出伟大的事业和贡献。

国学名句集锦

帝王之功，圣人之余事也，非所以完身养生也。今世俗之君子，多危身弃生以殉物，岂不悲哉！

——《庄子·让王》

纳谏——从善如流

古代家训中说"审慎交友，近善远佞"，意思是说，在交友的时候一定要谨慎选择，要亲近善良的人，远离奸佞的人。很多人在制定家训时，都考虑到社会环境以及邻里友人的品行对自家孩子成长带来的重大影响，因此在家训里面反复交代让他们在交友时要慎重。

亲近君子，疏远小人，交"敦厚忠信，能攻吾过"的"益友"，不交"谄谀轻薄，傲慢亵狎，导人为恶"的"损友"，这是朱熹留给子女的家训。自古以来，中国就不乏勇于纳谏的君主。

唐太宗李世民是中国历史上最贤明的几位君主之一，他能文能武，从善如流，是唐朝"贞观之治"的开创者。然而即便是唐太宗，平时也犯过不少错误。在唐太宗的身边一直都有两面"镜子"负责监督唐太宗的言行，他们就是名臣魏徵和长孙皇后。只要唐太宗做了错事，他们就会通过各种方式巧妙地指出来。

《贞观政要》中记载：唐太宗有一只非常珍贵的鹞子，他特别喜欢它，

国学名句集锦

善人者，不善人之师；不善人者，善人之资。

——《老子》

经常拿出来把玩一番。有一次唐太宗在应该处理政务的时候玩鸟，恰巧魏徵过来了。唐太宗担心魏徵会指责自己，就把鹞子藏到了怀里。魏徵看到了却装作不知，故意与唐太宗畅谈国事、高谈阔论。唐太宗虽然心里很着急，但也不敢将鹞子暴露出来，因为他怕魏徵知道这件事。过了很长时间魏徵才走，等唐太宗从怀里掏出了鹞子后，却发现鹞子因为憋闷时间太长已经死掉了。此后，唐太宗再也不玩鸟了。

有一次，魏徵在朝堂上跟唐太宗争执不下。唐太宗想要发火，又怕有损自己广开言路、从善如流的好名声，不得不勉强忍住。下朝后，唐太宗憋了一肚子气回到后宫，见到长孙皇后，他气冲冲地说："我早晚会杀了这个乡巴佬！"

唐太宗很少发这么大的火，长孙皇后问道："不知道皇上想要杀谁？"唐太宗说："就是那个魏徵！他经常当众侮辱我，实在让人忍无可忍！"长孙皇后听后，一言不发，回到自己的屋内，换上朝见的礼服，向唐太宗跪下叩拜。唐太宗不解地问道："你这是干什么？"长孙皇后说："我听说只有英明的天子才能遇到正直的大臣，魏徵如此正直，恰恰反映了陛下的英明，我怎能不恭贺陛下呢！"这番话如同一盆清凉的水，瞬间浇熄了唐太宗的满腔怒火。

唐太宗"以人为镜"来审视自己的过错，并且勇于改正，真正做到了从善如流。魏徵死后，唐太宗非常难过，曾经惋惜道："以铜为镜，可以正衣冠；以古为镜，可以知兴替；以人为镜，可以明得失。而今魏徵不在了，朕就少了一面镜子。"

一个人的仪态和妆容在照镜子时可以清楚地看到，然而自己内心的想法和外在的行为，却需要通过其他人来进行监督，或通过自己对内心的审视来发现。只要发现自己犯了错误，就应该立刻改正。有人能时刻在自己

国学名句集锦

士有争友，则身不离于令名。

——《孝经·谏诤》

身边对自己进行监督和提醒，每当出现错误时立刻给予提醒，这点是非常重要的。如果那些有德行的人指出了你行为当中的错误，你就一定要意识到自己肯定在某方面做得不够好。这时一方面要认真审视自我然后改正，另一方面也要对指出自己不足的人说声"谢谢"，要十分珍惜这种来之不易的福源。

人人都爱听好话，但是党员干部是为人民服务的公仆，被批评应该是一种常态。即使能力再强，也不可能将事情做到最完美，赢得所有人的认可。更何况还存在着种种问题和角度的偏差、或多或少的误解，所以，被群众批评、被上级批评是很正常的事情。问题的关键在于，党员干部们应该如何去面对批评。很多基层党员干部奉行官僚主义，对群众毫无包容之心，没有公仆意识，甚至没有平等观念，以"官老爷"自居，喜欢摆架子，唯我独尊，打击报复有不同意见的同事，给批评人"穿小鞋"，更有甚者还罗织罪名逮捕提意见的同志，这样的干部可以说是非常不合格的。

习近平在2013年春节团拜会上强调，对中国共产党而言，要容得下尖锐批评，做到"有则改之，无则加勉"；对党外人士而言，要敢于讲真话，敢于讲逆耳之言，真实反映群众的心声。

随着时代的进步和科技的发展，社会开放程度的不断加深，信息化程度的不断提高，越来越多的人开始关注政务透明度，更多的党员干部也敞开心胸与群众沟通，越来越多的人敢于直接批评党员干部，无论批评得对与错，都是民意的体现。群众能够拥有自由批评的权力，党员干部足够宽容面对评议，这样才能真正走上群众路线，并且越走越宽，让人民群众从内心深处信任并依赖党和政府，让党员成为百姓心目中的"英雄"，进而树立个人威信，得到群众拥戴，促进融洽干群关系的建立。

国学名句集锦

忠言逆耳利于行，毒药苦口利于病。

——《史记·留侯世家》

和合——君子和而不同

《国语·郑语》中说："契能和合五教，以保于百姓者也。""和合"表明的就是社会多样性的统一，强调了矛盾的事物中和谐与协调的重要性。孔子说"君子和而不同，小人同而不和"，也表达了"和合"的观念，即君子求同存异，小人则只会表面附和。

中华"和合"文化源远流长，"和""合"二字都曾经在甲骨文和金文中出现。先秦时期，"和"中就开始有了"合"的含义，进而诞生了完整的"和合"概念。春秋时代的鲍叔牙和管仲是好友，两人互相引以为知己，让"管鲍之交"成为史上有据可考的最著名的"和合"之交。据说鲍叔牙和管仲曾经一起做过生意，两人投资出力都是一样多，然而在分利润的时候管仲总是多拿一部分。很多人都觉得这样对鲍叔牙不公平，但鲍叔牙却说管仲并不是贪财，只不过是家里太穷了的缘故。

管仲帮鲍叔牙办事，好几次都没做好，几次做官最后都只落得被撤职的下场。很多人说管仲没本事，只有鲍叔牙说管仲不是没本事，只是没有

国学名句集锦

二人同心，其利断金；同心之言，其臭如兰。

——《周易·系辞上》

遇到施展本事的机会而已。甚至在管仲几次被拉去参军最后逃跑出来，被人们嘲笑怕死时，只有鲍叔牙站出来说话，说管仲不是怕死，只是因为他家中有年老的母亲还要赡养。

后来，鲍叔牙做了齐国公子小白的谋士，管仲则效力于公子纠。在两位公子争夺君位的过程中，管仲曾经用箭射过小白，差点将小白杀死。后来小白得到了君位，就将管仲囚禁起来。当齐桓公要杀管仲时，鲍叔牙却力保管仲，并表示愿意让出自己的相国之位。果然，管仲做了相国后，管理才能逐渐显露出来，最终辅佐齐桓公成为春秋五霸之首。

无论是什么事情，团结都是致胜的最大法宝。团结就是力量。无论前方是什么，只要我们同心协力，共筑坚城，遇到困难不气馁，胜利之后不骄傲，辉煌的时候头脑不发热，颓废的时候不放弃，那么最终的胜利将是我们的。

然而当前我们党内部却存在着一些假团结的情况，如拉帮结派、做老好人、阳奉阴违等，这都不是真正意义上的"和合"。无论是多么严密的法纪，只要出现拉帮结派的现象，最终都将被破坏殆尽。结党者必定会营私，只要形成了小集团和小派系，公平终将不复存在。这些小利益团体不仅仅是人的集聚，还是这些人谋取私利的温床，会像毒瘤一样侵蚀党的健康发展。

很多党员干部都认为混迹官场，当一个"老好人"是最佳的选择，这样既不得罪人，自己也不会犯法。然而实际上这却是一种纵容犯罪的行为，对其他人犯下的错误和缺点视而不见，甚至会违心将坏的说成好的，将恶行说成善行，将错的说成是对的，觉得这样就是所谓的团结。这样"装好人"其实就是纯粹的自私行为，对于党内的团结并无好处。

拉帮结派导致党性和原则不复先前那样坚韧，导致原本的诚信道德被

国学名句集锦

有朋自远方来，不亦乐乎？

——《论语·学而》

丢弃一空，导致公平和正义变成难以想象的苍白和无力。只团结一小部分人，却损害着绝大多数人的利益，这样所谓的团结就是"假团结"，必须要严查严办，坚决杜绝。对于"假团结"我们一定要及时予以揭露，而这一切的目的都是为了促进真团结，促进真和谐。团结是一种品德，也是一种素质，更是一种能力。

对于党员干部来说，团结更可以上升到民族层次。歌曲《爱我中华》中唱道："五十六族兄弟姐妹是一家。"中华民族是个多民族融合的大家庭，在经济发展不均衡的今天，民族团结尤为重要。党员干部应该自觉将各民族兄弟姐妹当作自己的至交好友、亲人手足。这一点，尤良英再清楚不过了。尤良英是新疆生产建设兵团第一师十三团十一连的女职工，被评为"先进生产工作者""三八红旗手"，多次被评为师团"先进生产工作者"和"劳动致富先进个人""民族团结先进个人和谐家庭""工会积极分子"等。她常说，1991年进疆工作，是兵团大家庭给了她现在安定富裕的生活。在这期间，她感激曾经得到过的无私帮助，如今更是将这些爱心回馈到身边的人身上。

尤良英担任班长的3号条田有223亩地，三个承包户都是女同志。为了干好工作，更好地帮助这些姐妹，她全天24小时坚持奋战在地头，查质量、追肥料。不仅如此，日常生活中，谁家有了困难她都是冲在最前面的。久而久之，尤良英热情助人的事迹便传遍了整个连队。

为了改善生活，尤良英刻苦钻研致富技术，致富后还不忘带动群众一起致富。有人不懂棉花栽培技术，她主动送去相关书籍并传授经验，不要群众一分钱；有人生活遇到了困难，她像对待自己的亲人一样体贴关怀，送去生活用品；邻居患病突然晕倒，也是她及时发现，背着邻居一路奔跑前往就医，邻居及时得到了救治，她自己却因为过度劳累晕倒在医务室。

国学名句集锦

四海之内，皆兄弟也。

——《论语·颜渊》

　　谈到与人为"和"的原因,尤良英说:"我们兵团大家庭的家训就是热爱祖国、无私奉献、艰苦创业、开拓进取。我已经深深爱上了这里,这里教会我团结友爱,勤劳致富,做人要心怀感恩,这里给予了我五彩斑斓的生活……"

　　在兵团,在地方,在祖国的大江南北,像尤良英这样的优秀青年屡见不鲜。他们用勤劳和智慧改变了自己的生活,在平凡的岗位上做出了不平凡的成绩,并且能够团结、帮助身边的人,为构建和谐社会贡献正能量。

　　社会主义建设工作实际上就像是一场合唱,每个人分工不同,有的人负责指挥,有的人负责主唱,有的人负责伴唱,有的人负责乐器。这其中无论是缺少了哪一部分,都无法使合唱的效果达到最理想状态。当今党内分工日益精细的今天,只有各个部分共同协作,搞好合作,才能唱响当代的最强音。另外,当前社会主义建设正处于初级阶段,各方面工作还很艰苦,需要党员干部来承担这些工作,不怕苦不怕累,不计较个人得失,一切以国家和人民为主。虽然当前我们不可能让每个人都达到这种境界,然而却需要一批这样的带头人。

　　团结就是力量,只要我们每个人都团结一心,众志成城,面对未来的艰险,做到不怕苦、不怕累,胜不骄败不馁,我们一定会赢得民族复兴的最终胜利!

国学名句集锦

古之君子,重神交而贵道合。

　　　　　　　　　　　　　　　　　——唐·王勃《上郎都督启》

第八章　处　世

　　党员干部与普通群众不同，因身份上的特殊性，除了规范自己的行为举止之外，还必须对身边的亲朋好友和工作人员等给予一定的约束和引导，避免其逾矩失仪，防止其利用党员干部的权力和身份牟取非法利益。基层的党员干部即便没有执掌国家权力的重器，但是稍不注意就有可能造成一系列的危害。"人不以规矩则废"，所以，党员干部要常常给身边人敲警钟，使之走上为人处世的正确道路，防止家人朋友和身边的工作人员影响自己的判断。

◎宽忍——海纳百川，有容乃大

◎顺时——得时者昌

◎脱俗——能脱俗便是奇

◎忠义——位卑未敢忘忧国

◎惟德——唯立德扬名，可以不朽

◎少疑——风不可系，影不可捕

◎自处——人皆可以为尧舜

◎自强——君子敬其在己者

宽忍——海纳百川，有容乃大

"海纳百川，有容乃大；壁立千仞，无欲则刚。"这是林则徐写的一副对联。意思是说，大海之所以能够容纳那么多河流，是因它有宽广的胸怀，可以将一切都包容；高山之所以能够这样挺拔，是因为它没有杂欲，不会去勾心斗角。就是说做人要胸襟宽阔，不要勾心斗角。

"海纳百川"四个字最早见于晋代袁宏的《三国名臣序赞》，书中记载："形器不存，方寸海纳。"后来李周翰批注："方寸之心，如海之纳百川也，其言包含广也。"后一句"有容乃大"最早见于《尚书·君陈》："尔无忿疾于顽，无求备于一夫。必有忍，其乃有济。有容，德乃大。"

传说很久以前，有个禅师年纪很大了。一天晚上，他在禅院里慢悠悠地散步，竟然看见墙角的边上有一把椅子，禅师心知有和尚违反了寺规，翻墙出去玩了。他并没有声张，只是走到墙边，默默地将椅子移开，然后就地蹲下。过了没多久，真的有一个小和尚翻墙进来，黑暗中看不清，他踩着禅师的后背进了院子。

国学名句集锦

君子尊贤而容众，嘉善而矜不能。

——《论语·子张》

当小和尚着地时，这才发觉，刚才脚下踏的不像是椅子啊。回头一看，竟然是师傅！小和尚显出惊慌失措的神色，说不出话来。但让小和尚更吃惊的是，禅师并没有责备他，反而平静地跟他说："天气凉了，出去要多穿件衣服才是。"小和尚听到师父此话后，他的心情该是什么样的？在禅师这样宽容的教育中，小和尚不是因为错误被惩罚了，而是通过这个错误受教育了。

三国时期，蜀国诸葛亮死后由蒋琬总理朝政。蒋琬的手下有个人，讷于言语，性格孤僻，名字叫杨戏。蒋琬平时跟他说话，杨戏也只应着不答话。有人看不惯，跟蒋琬嘀咕说："此人太不像话了！对您怎么能如此怠慢呢？"蒋琬闻言只是坦然一笑，回答说："人都有自己的脾气性格。如果杨戏在我面前说称赞我的话，那就不是出自他的本意；但要是当着大家的面说我的坏话，他又觉得让人下不来台。因此，他只能不说话了。这正是杨戏做人的可贵之处。"通过这件事情，有人就称赞蒋琬是"宰相肚里能撑船"。

1931年，张国焘任中华苏维埃共和国临时中央政府副主席后，一直推行左倾"冒险主义"。1935年，在长征途中，张国焘是红军的政治委员。他不但反对红军北上，而且坚持错误的南下主张，支持另立党中央，积极进行分裂党的一系列活动。红军到达延安之后，张国焘又拒绝悔改。1938年，张国焘逃到武汉，并发表声明反对共产党，正式投靠国民党。

此时，张国焘的老婆孩子还在延安。张国焘的老婆就找到毛泽东，一边哭一边说："主席，你要给我们做主啊，他丢下我们跑了啊！"毛泽东沉默了一下说："他不愿意干革命，我们也没有办法，他要走也没办法阻止。这样，你们也去武汉，好好劝劝他，如果能够回来好好工作，我们欢迎！"毛泽东对不思悔改的叛逃者也仍然是有原则的，只要能悔过，没犯重大错误，还是抱有容忍原谅的态度。

文明是需要宽容的，因为只有宽容才有人类文明交流和互鉴的动力。所有文明的成果都值得世界尊重，所有文明的成果都值得人类珍惜。人类通过交流与互鉴，文明才能始终充满生机活力。如果人类一直秉持宽容的精神，将不存在"文明冲突"，实现各文明之间的和谐就不再是空谈。

现在的世界是一个多元化的共同体。在这个蓝色的星球上，存在着不同文化、宗教、肤色、种族以及不同的社会制度等。地球上有 200 多个国家，2500 多个民族，还有很多种宗教。没人能够想象，这个世界如果统一生活方式、统一语言、统一音乐、统一服饰，将会是什么样子。对待这庞大的世界，各国各地区的文明，人类需要像大海一般宽阔的胸怀，容纳百川。

习近平在 2013 年 4 月 7 日举行的博鳌亚洲论坛 2013 年年会开幕式上发表题为《共同创造亚洲和世界的美好未来》的主旨演讲时表示，坚持开放包容，为促进共同发展提供广阔空间。"海纳百川，有容乃大。"他还说，我们应该尊重各国自主选择社会制度和发展道路的权利，消除疑虑和隔阂，把世界多样性和各国差异性转化为发展活力和动力。我们要秉持开放精神，积极借鉴其他地区发展经验，共享发展资源，推进区域合作。

国学名句集锦

刻薄成家，理无久享；伦常乖舛，立见消亡。

——《朱子家训》

顺时——得时者昌

"得时者昌，失时者亡。"出自《列子·说符》。意思是，一个人做事看准时机最重要，如果没有找对时机，不但不能得到自己想要的结果，反而会犯下严重的错误。

　　春秋战国的时候，鲁国的施家一共有两个儿子，都很好学，但一个儿子好儒学，一个儿子好兵法。学成之后，好儒学的儿子到齐国受到了重用，做了齐侯公子们的授业老师。好兵法的这个儿子去了楚国，做了楚军的军官。为此亲戚们都感到十分的荣耀。

　　施家有一个邻居姓孟，也有两个儿子。看着施家两个孩子有出息，孟家就向施家学习，也让一个儿子学儒，一个儿子学兵。学儒家的儿子学成之后，去面见秦王。秦王说："现在的天下局势是诸侯争霸天下，我秦国的当务之急是要兵强马壮，这个时候如果还讲究什么仁义道德，无异自取灭亡！"最终，这个孟家的儿子被秦王处以宫刑，然后驱逐出秦国。

　　孟家学习兵法的那个儿子则去卫国游说卫侯。卫侯说："卫国是一个小国，在这样的世道，夹在强国之中已经是勉强生存。所以，面对强大的

国学名句集锦

安时而处顺，哀乐不能入也。

——《庄子·养生主》

国家，卫国要听话侍奉；碰到弱小的国家，我们就要拉拢他们。如果这个时候还出兵打仗，肯定是自取灭亡。但你是个人才，不能被其他国家所用，不然将会对卫国造成危害。"所以，卫侯就把这个孟家的儿子剁了脚，送回鲁国。

两兄弟回家后，孟家父母痛苦着去找施家问到底怎么回事。施家父子说："凡事抓住正确的时机才会昌盛，与时机悖逆的就是自取灭亡。你们家孩子学的东西和我两个儿子相同，但为什么结果不同呢？这是因为看错时机的缘故，而不是因为学错了东西。何况这天下之大，瞬息万变，永远正确的东西是不存在的，当然事情也不是永远错误的。以前行得通的办法，到今天可能不好使了；同样，今天错误的办法，或许到了将来就是对的。不被人认同，并不代表对或错。在恰当的时间抓住机遇，对待事情要随机应变，这才是智慧的选择。如果没有这样的智慧，即使像孔丘那样博学，像吕尚那样有计谋，那你的才学也不会有用武之地。"听了这样的话，孟家人惭愧地低下了头。

这便是把握时机的重要性，所谓"时势造英雄"就是这个道理。

毛泽东是个伟人，他救百姓于水火之中，救民族于危亡之际；中国的革命若非他的领导，兴许结果就是另一副模样了。然而这种"时势造英雄"，是存在很大偶然性的。如果当时的陈独秀等早期的中共领导人能始终坚持正确的路线与方针，或许英雄就是他们。

邓小平提出的"一国两制"的政策就是顺应时势的举措。这个政策符合中国两岸人民共同的利益，是邓小平从实际出发，以"具体问题具体分析"的方法和策略，顺利实现了祖国对香港和澳门主权的收回。

"一国两制"的方针有着深远的影响，2014年12月19日，习近平在澳门特区政府的欢迎晚宴上发表讲话时指出，现在中国内地正处在全面深

国学名句集锦

是以圣人不期修古，不法常可，论世之事，因为之备。

——《韩非子·五蠹》

化改革、全面建成小康社会和依法治国的重要时期，同时为澳门特别行政区的发展提供了机遇和空间。澳门同胞应该充分发挥"一国两制"的政策优势，善于从祖国发展中抓住机遇，搭乘好祖国改革开放的快车，切实推动澳门特别行政区的经济持续稳定健康的发展。

对于领导干部来说，必须顺应时代进步潮流、走在时代的前列，符合社会发展规律，跟上历史前进步伐，以开拓进取的精神，肩负起时代的重任，全心全意为人民服务。

国学名句集锦

处尊居显未必贤，遇也；位卑在下未必愚，不遇也。

——东汉·王充《论衡·逢遇》

脱俗——能脱俗便是奇

> 明人陈继儒说："能脱俗便是奇，不合污便是清。"意思是，人和事物，如果能够摆脱世俗的眼光，那就是不平凡的；如果不跟人同流合污，那就算是清高了。

《列子·杨朱》中说："不逆命，何羡寿？不矜贵，何羡名？不要势，何羡位？不贪富，何羡货？"大意是，不去预测命运，就不会羡慕长寿；不崇尚高贵身份，就不会羡慕名望；不去追求权势，就不会羡慕地位；不贪图富贵荣华，就不会羡慕财物。

人在俗世，总会面临争或不争的选择。对于这个问题的一般看法是：该争的不争，是不对；一直争一直闹，又不好。所以这个世俗的尺度很难把握。能够历史留名的人，一定是有其独到过人的地方。能做到独到与过人，那就与这些人处争与不争的方法密不可分。争与不争，彰显的是人的气度和雅量。李白和杜甫可谓是中国古代诗坛难以逾越的两座高峰。两人都出生在唐代，他们的年龄相差不大，可算是同辈人。李白的恃才傲物是举世皆知的，常以睥睨天下的眼光示人。而"诗圣"杜甫也可谓"语不

国学名句集锦

无欲速，无见小利。欲速则不达；见小利，则大事不成。

——《论语·子路》

惊人死不休"。但是，这两人却从来没有争过谁是诗坛第一，反而惺惺相惜、相互欣赏，共同创造了唐诗无比的辉煌。

晚清重臣张之洞，早年参加科举，是当年考试的探花。尽管如此，张之洞还是很沮丧。因为在他看来，独占鳌头才是自己应有的水平，而且张之洞的人生理想一直都是"不做第二人选"。此人好争的一面可见一斑。善争，也恰恰说明了张之洞的不甘落后、奋发有为、自强不息的处世风格。这是成就张之洞一生事业的重要基础。当然，如果仅仅如此也是不够的，张之洞的成功还有一个条件，那就是——"不争"。

张之洞曾经谈论自己时说过："我这一生有三个不争：一是不跟俗人争利益，二是不跟文人争名声，三是不跟无谓之人争闲气。"正是因为这"三不争"，张之洞内敛孤傲，公正廉洁，一步步走近人生高境界。

2014年在欧洲学院的演讲中，习近平向在场的各国领导人和人民阐述中华民族的传统哲学与智慧，他说："中国有句古话：'天时不如地利，地利不如人和。'""国之交在于民相亲。""很多理念，如孝悌忠信、礼义廉耻、仁者爱人、与人为善、天人合一、道法自然、自强不息等，至今仍然深深影响着中国人的生活。""中国自古就提出了'国虽大，好战必亡'的箴言。'以和为贵''和而不同''化干戈为玉帛''国泰民安''睦邻友邦''天下太平''天下大同'等理念世代相传。""天下太平、共享大同是中华民族绵延数千年的理想。""老子讲：'大邦者下流。'""中国人历来讲求'己所不欲，勿施于人'。"

习近平引用的许多话语，都是来自中国古代经典的《易经》《论语》《道德经》《孟子》《管子》《礼记》《庄子》《吕氏春秋》《司马法》《淮南子》等，其中有很多相似的重要思想都能从里面找到，比如《道德经》中说"圣人之道，为而不争"；《论语·子路》中说"近者悦，远者来"、《论

国学名句集锦

变俗易教，不知化不可。

——《管子·七法》

语·为政》中说"为政以德，譬如北辰，居其所而众星共之"。西方的批评者们一直以自己的文化制度优越而自豪，但总是对中华民族源远流长五千年的优秀传统视而不见。

事实上，"和为贵""己所不欲，勿施于人"等观念，一直都是中华文化重要的一部分。儒家学派的代表孔子和孟子提倡的"仁义"思想，包含了高深的智慧，认为只有施行仁政的帝王才能赢得自己国家和别国人民的拥戴，执政要靠的是以身作则，而不是用强制的手段让人民信服。

中华民族五千年来之所以生生不息且团结奋进，就是因为中国有着优秀的传统文化。习近平多次在外交等重要场合引用古代经典，这不仅凸显了一个大国领导者的文明与智慧，还彰显了中国优秀传统文化的通俗和"脱俗"。

国学名句集锦

入其国者从其俗，入其家者避其讳。

——《淮南子·齐俗训》

忠义——位卑未敢忘忧国

> 南宋著名爱国诗人陆游曾作诗《病起书怀》："病骨支离纱帽宽，孤臣万里客江干。位卑未敢忘忧国，事定犹须待阖棺。天地神灵扶庙社，京华父老望和銮。出师一表通今古，夜半挑灯更细看。"虽然诗人的职位低微，但从不敢忘记为国事忧虑，只是天下统一的理想是否能够实现，只能后人去经历了。

　　1176 年，陆游被罢官后，住在成都西南侧的浣花村，连卧病榻二十多天，病好后写了《病起书怀》两首诗，这是第一首。

　　这首诗从诗人自身卧病、居住江边的环境起笔，用夜里苦读诸葛亮的《出师表》结尾，表达了诗人一生郁郁不得志，年过半百时仍旧不能实现愿望。尽管如此，他在诗中还是说"事定犹须待阖棺"，说明诗人对南宋的前途依然抱有希望。诗中一句"位卑未敢忘忧国"可算是这首诗的"诗眼"，与顾炎武的"天下兴亡，匹夫有责"异曲同工，表明他们虽然地位低微，但却从不敢忘记忧国忧民。这句话后来逐渐成为许多爱国之士用来

国学名句集锦

生，我所欲也，义，亦我所欲也，二者不可得兼，舍生而取义者也。

——《孟子·告子上》

勉励自己的座右铭。最后一句诗人写细读《出师表》，又含蓄表达了诗人忠心报国的强烈愿望。

陆游的这种思想，不光是对后世，对自己的孩子也有很大影响。所以，以身立教、立范，能够培养子弟做人的品德。很多名人家训要求对子弟不仅重言传也重身教。

那些为国捐躯的烈士们，至今仍是我们党员干部学习的榜样，我们要学习他们的忠义之魂，为了祖国的统一与完整，为了免受压迫、解放人民群众不惜抛头颅、洒热血，前赴后继地与侵略者抗争。

如今已是和平年代，建设中国特色社会主义是一条漫长的道路，全面实现小康社会的过程更是对每一位党员干部的考验。"位卑未敢忘忧国"，从这个角度来看，每个中国公民都要为国家的富强、民族的复兴尽一份自己的心力，党员干部更应该冲在最前线。"忠义"从来都不是挂在嘴上的，而应该落实在行动中。"团结就是力量"，每个中华儿女要用共同的理想，来凝聚同样的力量，通过共同的奋斗，一起追求共同的目标。就像习近平强调的，要想实现"中国梦"就必须凝聚全中国的力量，让每一份忠义都能汇聚起来，铸就我们新的长城！

国学名句集锦

裹尸马革英雄事，纵死终令汗竹香。

——明·张家玉《军中夜感》

惟德——唯立德扬名，可以不朽

> "生有七尺之形，死唯一棺之土。唯立德扬名，可以不朽。"曹丕的这句话意思很明显，人无非就是七尺长的躯体，死了也就能配一口棺材盖上黄土。只有德行可以青史留名，才是真正的不朽。

在曹操、刘备和孙权这三个人之中，刘备是比较特别的，论谋略他不及曹操，论学识他不及孙权，而且刘备创建蜀国的基础更比不上曹、孙二人，但是最终他依然成就了大业。

刘备为什么能够白手起家？因为他靠的是仁义，他的德行、他的知人善任是他独特的才能。他认为，举大事者必以人为本。刘备为人宽厚仗义，喜欢交友。刘备以仁义待人，以礼仪待人，能跟别人同甘共苦，他还用自己的品德影响别人，以真心打动人，以恩德笼络人心。他能做到知人善任和用人不疑。渐渐地，他身边就聚集了一批人才，而正是有了人才的相助，刘备终于成了大事，"三分天下有其一"。

提到三国，就不得不提曹操，他为严明纪律挥剑断发的事情也是为人

国学名句集锦

爱人者必见爱也，而恶人者必见恶也。

——《墨子·兼爱下》

津津乐道。

一次，曹操率领军队去打仗，当时正是麦熟时节，沿途上的百姓害怕曹操的士兵，全都躲到村外去了，小麦都没人敢回家收割。曹操得知此事后，就派人去告诉当地的老百姓和看守的官吏说："现在是麦子成熟的季节，士兵如果有践踏麦田的，就立即斩首示众！"因此，曹操麾下的官兵在经过麦田的时侯，全都下马小心地扶着麦杆，没一个士兵敢践踏百姓的麦子。老百姓远远地看见了都开始称颂。可这时，飞过的一只鸟惊吓到了曹操骑的马，马受惊跑入麦田，立即踏坏了大片的麦子。曹操大怒，当即要求惩治自己的罪行。随行的官员说："我们不能给丞相您治罪啊！"曹操坚持说："这是我亲口说的话，如果自己都不遵守，别人怎么会心甘情愿地去遵守呢？而且如果我不守信用，如何去统领这么多的士兵呢？"说完他就拔剑出来要自刎，随行官员连忙阻拦。曹操只好传令三军说：丞相违背军令践踏了麦田，本来应该斩首示众，但因为丞相肩负重任，所以就割掉一段头发替罪。后来，曹操断发守军纪的故事就成了当时的一桩美谈。

"以德服人"在当前被赋予了全新的意义，是人类精神文明、政治文明、物质文明的重要基石和准则。习近平早年在河北正定任职时，就曾亲自寻访"千里马"，并亲自拟写和制定了面向全国人才的"招贤榜"。

1983年初，习近平和县长程宝怀两人经过多方寻找，终于将目光锁定在了石家庄。这个人是专门研发医用化妆品的科研工作者，但却也只知道对方的名字，不知道对方的具体住址，只好挨家挨户地问，一直到晚上十点多了还是没有找到人。习近平没有办法，只好扯起嗓门，大街小巷沿途大声喊他的名字，这才找到人。三人畅所欲言，一直谈到凌晨，他终于答应习近平的请求，很快就携带项目落户在了正定。在那个年代，这个项目一年就给正定带来了30多万的利润。

国学名句集锦

货恶其弃于地也，不必藏于己；力恶其不出于身也，不必为己。

——《礼记·礼运》

也是在同一年，习近平制定并发布了"九条规定"来招贤纳士，在《河北日报》的头条上用"正定县为有志之士敞开大门"为题目作了大篇幅报道，这在全省引起轰动。这件事情，也是习近平帮助正定县致富的一个典型例子。德行不是党员表现出来的假象，而是群众看到的党员干部的精神内涵。在这种内涵的影响下，贫困地区的经济状况势必走出低谷。

习近平后来在《摆脱贫困》中的《同心同德，兴民兴邦——给宁德地直机关领导干部的临别赠言》一文中说："我们应当继续加强党的建设，突出地抓好思想建设、各级领导班子建设和基层组织建设。在干部问题上，应当坚持马克思主义的干部路线，坚持德才兼备的原则和干部'四化'方针，选拔干部应当坚持五湖四海，冲破狭隘的地域观念。"

所有的党员干部都是党和国家发展的急先锋，广大的人民群众在评价政府工作做得好与坏的时候，首先看的是最基层党员干部的表现。所以，政府选择的党员干部都关系到党和国家的未来。要不断输入新鲜的"血液"，党和国家的未来发展事业才能后继有人，但这些新鲜的血液必须是"健康血液"，不然就会侵蚀党的肌体。

一个合格的共产党员，应该具备的最基本条件是"德才兼备"。为什么有一些党员干部在群众心中的分量那么高？是因为这些党员干部在平常的工作中做到了"以德服人"。他们本身就是有良好道德的人，他们是真正为群众办实事办好事的人，因此老百姓才信任他，拥护他。

国学名句集锦

道高益安，势高益危。

——《史记·日者列传》

少疑——风不可系，影不可捕

北宋李昉在《太平广记》中说："风不可系，影不可捕。"意思是说，风是无法被拴住的，影子也是无法被捕捉到的。

唐代诗人韦应物《难言》诗中，有"持索捕风几时得？将刀斫水几时断"的句子，是说那些办不到的事情如果勉强去办，结果往往会事与愿违。还有很多类似"捕风捉影"的俗语，都是指对没有根据的事情进行胡乱猜疑。

《吕氏春秋》中记载了这样一个故事：孔子走到陈国与蔡国边境的时候断了粮食，长达七天没有吃到粮食，没有力气做别的，只能躺在那里。那天，学生颜回终于找来一点米，就开始煮给老师吃。但是煮到快熟了的时侯，颜回自己先抓了一把吃。孔子将他的举动看在眼里，认为颜回失"礼"了，所以有点不高兴。

过了没多久，饭熟了，学生请孔子先吃饭。孔子试探地说："我刚才梦见死去的先人了，我自己先吃干净的饭然后再给他们吃。"颜回一听马

国学名句集锦

水至清则无鱼，人至察则无徒。

——《大戴礼记·子张问入官》

上回答说："万万不能啊！刚才有脏东西掉进锅里了，虽然学生把它抓出来了，但是饭已经脏了，不适合供养先君了。"这时，孔子知道自己刚才错怪颜回了。

这件事过后，孔子感叹道："所信者目也，而目犹不可信；所恃者心也，而心犹不足恃。弟子记之，知人固不易矣。"

人们总是相信眼睛看到的，但是有时候眼睛并不可靠；想要依赖自己的心，然而心里想的有时也偏颇。因此，想要了解一个人，这本身就不是一件容易的事。一个人如果总是疑神疑鬼，捕风捉影，必然会影响到与周围人的团结。

当今社会，一些人失去了原则，经常陷入无端的争执和猜忌中。一些党员干部忘记了自己的本心，违背党性，甚至公开散播谣言、制造谣言，将一些不切实际的言论放大化以达到自己的目的。

有些党员干部党性不够坚定，原则性不够强，对于社会上流传的攻击党的领导人，丑化党的形象等言论和行为，不但不加以抵制和斥责，反而人云亦云，随之传播。

不分真假地去散播谣言，不仅破坏了社会道德风尚，更是对党员自己的损害，对其所代表的党和政府的形象的损害。

言为心声，如果党员干部的关注点本身就在于低俗、恶俗的事物，转发、传播的也都是捕风捉影的八卦新闻，尚可退一步地认为其个人的审美和道德情趣存在问题，如果恶意丑化党和国家领导人的形象，与割裂党群关系有什么区别呢？这样的行为直接反映了党员干部价值观的变化与党性的堕落。

在某种程度上，批评自己的国家，批评所处的社会，调侃执政党成为"潮流"，一些党员干部也随波逐流，说一些自以为"科学民主"的奇葩言

国学名句集锦

忘其前怨，取其后效。

——《三国志·吴书·吴主传》

论，曲解政策，乐此不疲地以"关注民生"为借口上纲上线，不去思考解决办法而是发牢骚、"挑刺儿"……这些行为背后反映出的根本问题是对于党和国家缺乏依赖感，并不是发自内心真诚地对待工作和群众，缺少政治觉悟，或者可以直接说是失去了党员干部应有的忠诚。

谣言的传播具有非常大的负面影响，古人的"三人成虎"充分证明了谣言猛于虎的道理。党员干部是党面向群众的代表，传播的应该是社会正能量，党员说什么、做什么，体现的是党的意志。如果党员能够管好自己的"嘴"，杜绝大吃大喝的同时，不要乱说话、说废话、说怪话，不信谣、传谣、造谣，坚信组织，坚守党性，敢于与不良言论作斗争，那么我们党在群众中的威信就能树立起来，我们的政治生态就能越来越风清气正，我们的党性就能更加纯粹。

不经意间说出的话，很可能是影响团结的"病毒"。党员干部应该自觉维护良好的社会风气，不要在这方面为虎作伥，沦为他人的言论工具。当前虽然整个大环境是和谐稳定的，但是极个别地方的极个别人仍在企图分裂祖国，破坏统一。

党员干部的态度可以说关乎党的事业的兴衰成败，如果党员干部不自律，不警醒，不负责任地道听途说、捕风捉影，很可能成为某些别有所图的人的"作案工具"，破坏群众基础，影响民族团结。

团结就是力量，正所谓"人心齐，泰山移"，团结是各项事业取得成功的终极奥秘，但是捕风捉影会成为团结的最大阻碍。

习近平在党的十八届三中全会上强调指出："只有全党思想和意志统一了，才能统一全国各族人民的思想和意志，才能形成推进改革的强大合力。"

当前，党和国家面临着空前严峻的考验和艰巨的任务，每一个党员干

国学名句集锦

用人之术，任之必专，信之必笃。

——北宋·欧阳修《为君难论上》

部都应该坚持真诚、恳切、团结的原则，增强政治定力，真正凝聚起全面改革的民族力量。

坚持凝聚人心的基本原则，不去捕风捉影，也是实现党的"两个一百年"伟大奋斗目标和实现中华民族伟大复兴的中国梦的切实需要。

在当前严峻的形势下，党员干部只有凝聚所有的智慧与力量，才能充分调动所有积极的因素，排除一切干扰和困难，坚决不动摇、不折腾、不懈怠，全心全意搞建设，上下一心谋发展，朝着实现中国梦的伟大目标阔步迈进。

国学名句集锦

好便宜不可与共财，狐疑者不可与共事。

——《曾国藩家书》

自处——人皆可以为尧舜

《孟子》中说："人皆可以为尧舜。"尧舜这样的大德之人非常少见，其实成为这样的人并不难，只要我们肯努力去做，修炼自己，知道如何自处，都可以成为道德高尚的人。

修炼自己、磨砺自己是自处的第一步。

宋璟是唐朝武则天在位时期的一位名臣，最让人称道的是他在为官、为人上的刚正不阿。有一天，有人给宋璟看一篇文章，认真地对他说："这篇文章的作者是个很有才华的人。"宋璟是一个非常爱才的人，所以马上就开始阅读这篇文章。刚开始的时侯，他边读边称赞："好，真是很好！这样的人的确应该得到重用。"可是过了没一会儿，宋璟就皱起了眉头。原来这个写文章的人为了讨好宋璟，在这篇文章中对宋璟大肆吹捧，这种做法让宋璟感到很生气。宋璟说："此人的确有才华，文笔也不错，可惜的是品行不好，他想要靠拍马屁升官，这样的人得到重用对于国家来说是没有好处的。"于是他就没有推荐写文章的人做官。

国学名句集锦

多私者不义，扬言者寡信。

——《大戴礼记·文王官人》

　　清朝名臣曾国藩为清政府建功立业，执掌湘军，位高权重，他对后辈优秀品德的养成非常重视，所以对自己的家风非常注重。曾国藩深刻地认识到，虽然自己手握大权，但是能否让子孙后代有出息，与自己的权力地位无关。所以他对后辈的要求非常严格，家人们必须学会自处，知道自己应该做什么，不应该做什么。

　　在这种严格的约束下，即使是家里供人使唤的奴婢，孩子们也不准随便胡乱差使。曾国藩曾跟四个当官的弟弟说过："从古至今，几乎所有的官宦人家，过了一两代就衰败了，原因是他的子孙后代越来越骄横跋扈，荒淫放荡，最后只能落得个家败人亡的下场。"他还多次跟自己的后代说，一定要勤俭朴素，要继承祖辈的良好传统。《颜氏家训》中说："父子之严，不可以狎；骨肉之爱，不可以简。简则慈孝不接，狎则怠慢生焉。"曾国藩在位二十年，死后留给子孙后代的只有两万两银子，还有老家的一个老屋。他没有建过房子，也没有为自己的孩子买过一亩田地，这是在以实际行动来说明如何在诡谲的封建官场上自处，如何在乱世中自处，如何与自己的良知和为官原则自处。

　　看清楚别人难，看清楚自己更难。在别人的赞叹面前，要保持清醒的头脑，这不是一件容易的事情，所以做到看清自己的宋璟成为了一代名臣，做到了自己做好、约束好家人的曾国藩成为了后世典范。除此之外，作为当代党员干部来说，自处的另一层含义是做好本职工作，与时俱进地改进工作形式和做法，创新工作策略。在这一点上，习近平就是党员干部很好的典范。

　　习近平在正定县任职的时候，在三年多的任期里，他每天都是睡在办公室的，用的床铺也是最简单的：两条长凳拼成的一块床板，铺上一条打满了补丁的旧褥子。当时，习近平总是在食堂跟大家一起吃饭，他说"吃

国学名句集锦

大道之行也，天下为公。

——《礼记·礼运》

大锅饭"好，一是可以边吃边跟大家聊天，能相互交流；二是大家可以互相监督，能减少浪费；三是可以一边吃一边谈工作。这样就是一举三得。

习近平在平时生活上从不搞特殊，有上级领导来，他都是用正定当地的传统饭菜作为招待，比如馄饨、猪头肉、荞麦面饸饹、缸炉烧饼、扒糕。习近平常跟人说的"正定宴"就是这些。来的客人如果要喝酒，那他就上正定自产的醉八仙和常山香。习近平说，这样能够让来的客人更好地了解正定的人文风俗，还能把正定当地的饮食文化和酒文化很好地宣传出去。

在出行方面，习近平的习惯也是极为简单的。只要不是出城关，就一直骑自行车来回。习近平跟身边的人常说，骑自行车的好处有三个：一是能锻炼身体，二是能更好地接近群众，三是能节约很多汽油。

学会自处，要从历史上找到榜样和楷模，对照自己不断调整工作作风和方法。江泽民在为《简明中国历史读本》作的序言中提到："一名领导干部不善于从历史中吸取营养，不可能成为高明的领导者；一个政党不善于从总结历史中认识和把握社会发展的规律，不可能成为顺应历史潮流的自觉的政党；一个民族不善于从历史中继承和发展本民族和世界其他民族创造的优秀文明成果，就不可能屹立于世界民族之林。"

中国历史上遗留的智慧和经验，就像是无声的雨露和无私的阳光，哺育了一代代英雄的中华儿女，传统文化中的的精华，对于党员干部来说都是学习的重要素材。我们可以从历史的经验与教训中深刻地领悟到，如何磨砺自己成为更优秀的人，如何修炼自己成为更合格的党员干部。古往今来，凡是被百姓爱戴的干部都是一心为民、清正廉洁、能真正管住自己的人。一旦失去自我约束的能力，就会陷入欲望的洪流，容易走上腐化堕落的邪路。所以，党员干部要不断提高党性修养，加强学习，坚持用科学理论和创新思想武装头脑，实事求是，严格要求自己，经常反省自己，不断锻炼意志品质，做新时期合格的人民公仆。

国学名句集锦

贵人而贱己，先人而后己。

——《礼记·坊记》

自强——君子敬其在己者

> 荀子说："君子敬其在己者，而不慕其在天者，是以日进也。"意思是说，有德行的人更加重视自己努力的成果，不会去羡慕别人天生就拥有的东西，所以才能每天都不断进步。我们做事做人，都应当这样不断追求进步，保持性情的刚毅坚卓，发奋图强，永不止步。

中华民族的优秀传统文化已经成为一种鼓舞人民精神的正能量，其中自强不息的精神更是渗入到了民族的血脉当中，成为每个中华儿女不能缺失的坚忍品质。中国近代著名哲学家张岱年认为，中国文化最基本的精神有四点，"刚健有为"就是其一。

1914年，梁启超在清华大学作演讲的时候，以"君子"为题目，以"自强不息"为演讲中心，为了激励清华的学子们发愤图强，他说道："君子自励犹天之运行不息，不得有一曝十寒之弊，且学者立志，尤须坚韧强毅，虽遇颠沛流离，不屈不挠；若或见利而进，知难而退，非大有为者之事，何足取焉。人之生于世，犹舟之航海，顺风逆风，因时而异。如必风

国学名句集锦

反听之谓聪，内视之谓明，自胜之谓强。

——《史记·商君列传》

顺而后扬帆，登岸无日矣。"

　　然后，梁启超先生又说到了《周易》"坤"卦里的"厚德载物"，并说了自己的认识："坤象言君子接物，度量宽厚犹大地之博，无所不载，君子责己甚厚，责人甚轻。"

　　梁启超通过分析，要求广大的学子既要像自然的运行那样，要有刚健有为、奋发图强的精神，也要像大地一样，包罗万象，要有一种兼容的、博采的精神。

　　北宋文学家、政治家司马光在《训俭示康》中，总结了历史上许多名人的后代因为受祖上的庇护，因不能自强自立而变得颓废没落，并从中总结教训，告诫自己的孩子："有德行的人都是从俭朴中走来的。"由于司马光的教子有方，致使"途之人见容止，虽不识皆知司马氏子也"，就是说，路上有人看见司马光的儿子，虽然不认识他，但是看了他的言行举止，就知道这是司马家的孩子。当今社会流行"拼爹"，如果把比拼的内容换成家风和家教，那么这样的比拼，或许对整个社会来说是件好事。

　　19世纪末，中国留学美国的人亲眼目睹了北美西欧的先进科学技术，看到了机器、轮船、火车和电讯制造业的发达水平，对此赞叹不已。同行的同学有很多对中国未来的前途产生了悲观消极的情绪，唯独詹天佑一直怀着对中国坚定的信念。他说："以后，我们中国也会有火车，有轮船。"从此他刻苦学习，终于在1867年以优异的成绩从美国纽黑文中学毕业。同年五月，詹天佑考入耶鲁大学土木工程系继续深造，专攻铁路工程建造。在大学的四年里，詹天佑一直刻苦学习，毕业考试的时候，他的成绩排名第一。1881年，学成回国的120名留美学生里，获得大学学位的人只有两个，其中之一便是詹天佑。到了国内，如梦想中的一样，詹天佑把他在美国学到的本领全部贡献给了中国的铁路事业。

国学名句集锦

衣食当须纪，力耕不吾欺。

——东晋·陶渊明《移居二首》

2006 年 4 月 6 日，时任国务院总理温家宝在新西兰访问时会见了当地的华侨代表。温家宝语重心长地说："天行健，君子以自强不息；地势坤，君子以厚德载物。我们中华民族自古就有自强不息、团结包容、吃苦耐劳、勤奋努力的高尚品质，不仅能够在自己的国家创业，还能够在世界各地努力奋斗，创造丰硕的成果。"

2014 年 9 月，习近平在庆祝中华人民共和国成立 65 周年的招待会上也提到了这句话——"天行健，君子以自强不息"。在此次讲话中，习近平强调，要继续坚持改革，坚持创新，在这两个方面对保持中国的发展非常重要。中国现在需要继续去推动更深入的改革，这也包括扩大消费、反腐倡廉、限制国企的特权等等。除此之外，中国还需要继续保持不断创新，未来是属于有创造力和创新力的国家的。中国加大对创新的投入，能确保国家光明的前景。

随着时代的进步，意识的增强，我们可以清晰地感受到越来越多的党员干部坚守党性，不怕困难，勇于面对挑战，积极投身到群众工作中，这样的党员干部已经成为实现中华民族伟大复兴的中坚力量。党员干部是中华民族的脊梁，是人民群众的榜样，当我们的党员干部坚定理想的时候，我们的人民就能坚定理想，当我们的党员干部自强不息的时候，我们的民族就能自强不息。

作为一名党员干部，要敢于拼搏，服务人民，加强修养，自强自信，并把这种力量转化成为积极工作、甘于奉献的行动，带领广大人民群众不断奋进。

国学名句集锦

万里不惜死，一朝得成功。

——唐·高适《塞下曲》

第九章　家　计

　　家庭和谐是社会和谐的基础。党员干部如果能够自觉履行责任和义务，经营好自己的小家，就能够将家庭的责任扩展为社会责任，进而塑造优良的党风、政风，引领良好的社会风气。党员干部对于家计的经营要三思而行，谨慎为之，要不贪不腐，勤俭轻利，彰显"正能量"，自觉践行社会主义核心价值观。

◎**有度**——非礼勿动

◎**节俭**——成由勤俭败由奢

◎**崇勤**——吹尽黄沙始到金

◎**远计**——父母之爱子，则为之计深远

◎**患忧**——人无远虑，必有近忧

◎**节制**——一积一散谓之道

◎**轻利**——不为五斗米折腰

◎**兼济**——达则兼济天下

有度——非礼勿动

　　孔子说："克己复礼为仁。"意思是说，将自己的行为举止都依照"礼"来进行，那么就算是"仁"了。孔子又说"非礼勿视，非礼勿听，非礼勿言，非礼勿动"，所体现的便是儒家思想对于"欲望"的克制，使人的行为限定在一定的范围内。

　　所谓克制和节制，就是通过理性的控制来约束个人的欲望。欲望就像海水，无论喝多少都无法解渴。因此，人们都要学会克制，要控制自己的欲望，不让自己为所欲为。

　　手里掌控权力身处高位的人，容易忘乎所以，觉得自己说的话比法律还要有用；很多一夜暴富的人，往往会使用大量的金钱来为自己开路。这些行为都是纵欲行为，也是在进行自我毁灭。举个简单的例子，食色之欲是人最基本的欲望，然而如果一个人每天都不节制，无休止地吃，无休止地欢爱，那么要不了多久，健康就将离他远去。

　　有一次，梁实秋先生与友人吃饭时，发生了一件有趣的事。服务生先

国学名句集锦

恭而无礼则劳，慎而无礼则葸，勇而无礼则乱，直而无礼则绞。

——《论语·泰伯》

端上一盘熏鱼，梁实秋说自己有糖尿病，吃不了带甜味的食物；随后冰糖肘子端了上来，梁实秋又说这里面加了冰糖，所以他也不能吃；再之后什锦炒饭端了上来，梁实秋依然不肯吃，他说里面的淀粉可以转化成糖分。最后，当八宝饭上来后，所有人都认为梁实秋不会吃。谁知道他却笑道："我要吃这个！"

朋友们都提醒他说这里面糖和淀粉有很多，梁实秋先生却说他知道这点；因为他知道后面要上自己最喜欢吃的八宝饭，所以在吃前面的菜时就特别克制，就是为了后面的八宝饭。

很多伟大的人之所以能取得那么大的成就，归根结底在于他们成功地克制住了自己的欲望，把所有精力都集中在某一方面的缘故。

人活一世，肯定会有各种各样的欲望，这点就如同大海涨潮一样是自然而然的。如果人们没有了欲望，那么他们就会对任何事情都没有兴趣，这样也就无法积极投入到各项工作当中了，那时的人世将会是无比枯燥和无聊的。最重要的一点在于，人类是可以控制好自己欲望的。大海涨潮也会落潮，如果人可以像大海落潮一样控制住自己的欲望，不使欲望泛滥成灾，就可以超脱出欲望的局限。

人们对财富的追求是很正常的，然而究竟要富有到什么程度，要拥有多少钱才足够，这个标准很少有人去划分。对此，要对欲望的"横轴"和"纵轴"好好把握。

欲望的横轴指的是根据自己的资产从起点画上一条横轴，这样就可以看到收入高于横轴和低于横轴的人都有，自己是比上不足比下有余的，这样的位置已经是很好。而纵轴则指的是从自己之前生活的最低点画一条上升线，这条线的上升直接反映了自己的生活水平在不断提升，从而让自己变得充实和满足。

国学名句集锦

乐不可极，极乐成哀；欲不可纵，纵欲成灾。

——《贞观政要·刑法》

　　但是在现实生活中，很多人并不是这样做的，他们并不与自己的从前相比，只是盲目地同他人进行攀比。这样一来，欲望的潮水总是只涨不落，而且只会越来越高。这时人们会为了保证自己的富有和享乐而使出各种各样卑劣的手段对付他人，最终的结局也只能是让欲望的潮水涌过底线的大坝，危害他人的同时也害了自己。

　　"有度"原则不仅体现在党员干部的修身上，还应体现在党组织的工作中。到底怎样的党员干部算是优秀的？真正的优秀不是自己说的，也不是纪检的同志认定出来的。对于优秀要有一个最低标准，这样才能让人们不断进步。当今生活中有很多郁郁不得志的年轻人，他们并不是不优秀，只是局限于一些狭隘的想法无法突破思想的"瓶颈"。所以，无论是管理上还是日常的学习上，都需要做到张弛有度，点拨有度。

　　另外，领导干部选拔人才也需要"有度"，很多党员因为领导干部任人唯亲的思想以及贪污腐败而无法得到提拔，还有一些领导干部制定了不切合实际的人才选拔标准，有关系者提拔、贿赂者提拔等等，这些不合理的人才选拔标准，最终使得很多优秀的年轻人难以得到提拔。对于我党而言，这无形中也造成了人才的流失。

　　未来的中国还要依靠新一辈的党员干部，如何选择提拔年轻干部也必将是我党未来的主要工作之一，不能一味地只考虑队伍年轻化，还要有老一辈干部的经验来指导这些年轻干部。老一辈干部和年轻干部互相协调，老干部传授年轻干部宝贵的经验，年轻干部则身体力行来实践这些经验，真正达到为人民做好事、做实事的目的！

国学名句集锦

好恶以理，不偏于己之所好恶。

——北宋·曾巩《洪范传》

节俭——成由勤俭败由奢

唐代著名诗人李商隐有句名言："历览前贤国与家，成由勤俭败由奢。"在历史上，有很多高官都明白这个道理，他们不仅以身作则，还多次告诫自己的子孙不能任由自己奢侈和浪费，并有过不错的效果。

唐高宗年间，宰相卢承庆是个非常有才能而且博学的人。卢承庆临死时对儿子说："我死后穿平常衣服就可以了，不要用牲畜祭奠，坟墓的高度只要能辨认就可以了，不要搞那么高大宽广的。只用棺材，不要再弄个棺外椁，一定要简单；碑文只记载官号和生卒年月，不要写许多漂亮话在上头。"卢承庆的遗嘱不仅仅为族人们做了一个良好的表率，还为当世的人们做出了非常好的带头作用。

李存审是后唐时的名将，一生战功累累，曾官至宣武节度使，很受皇帝的信任。李存审经常告诉自己的孩子们："我早年的家庭情况不好，很小的年纪就佩剑出征，从军40年以来多次面临生死险境，吃了很多的苦头才取得今天的地位，你们看看我身上这一百多处箭伤就知道了。"李存

国学名句集锦

不仁者不可以久处约，不可以长处乐。

——《论语·里仁》

审一边跟儿子讲自己的经历，一边教导儿子们要敢于吃苦。李存审的苦心没有白费，他的儿子们后来都成了很有名的大臣。

明神宗时，宰相沈鲤虽然在京为官，但是时常写信约束在商丘老家居住的亲属：不准儿子"出入公门，招惹是非"，"拜客只可骑马，不可乘车"，要求家人减少田亩，不得多积财货，不准购置太多的房产田地，"使身终之日，留下争端，自取辱名"，要求亲人子弟"衣服勿太华美，器用宁可欠缺"。他还常常写信提醒亲属"秋夏粮及早上纳，多加与些火耗，各庄上人，常约束他，莫要生事"。他不仅要求家人要遵纪守法，还要求他们多做善事：每年必须做一百件棉袄送给穷人，对于亲戚中的穷苦者、孤寡者，要经常接济等等。沈鲤因为为人正直，为官清正，后来被推举为一代相国。

节俭既是一种传统美德，也代表着一种精神力量。古人常讲："俭以养德。"勤俭的人，德行也会逐渐提高。中国上下五千年，无数仁人志士都非常鄙视奢侈，并且将勤俭和奢侈与国家的兴衰及个人的品行联系到一起。他们认为勤俭可以立名，奢侈则会导致自我衰败。只有拥有节俭的意识，才可以远离奢侈，从而永远保持坚强的意志，追求崇高的精神。

节俭可以励志。节俭可以作为精神动力磨砺人们的意志，激发人们奋进的动力。节俭可以凝聚人心，可以让大家众志成城战胜种种苦难。盲目的奢侈和享乐不仅仅表明这人胸无大志，还滋生了无数的腐败现象并使其得以蔓延。无论是历史还是现实都向我们表明，如果一个国家缺乏艰苦奋斗的精神来支撑，那么它将难以发展，难以进步；一个政党如果缺乏艰苦奋斗的精神来支持，那么它将难以兴旺，难以发达；一支军队如果缺乏艰苦奋斗的精神来支承，那么它将难以拥有凝聚力和战斗力。

我们现在强调节俭的意识，不是让人们去过苦行僧或者清教徒之类的

国学名句集锦

礼，与其奢也，宁俭；丧，与其易也，宁戚。

——《论语·八佾》

生活，也不是让大家拒绝一些应得的物质利益，归根结底是为了让大家远离奢侈浪费和大手大脚的行为，让大家对精神层面的价值进行重视，让大家发扬艰苦奋斗的精神，让大家的精神状态始终激昂向上，促使大家奋发进取。

节俭既是一种优良传统，也是现代文明的标志之一。毛泽东在《关于正确处理人民内部矛盾的问题》中指出："要提倡勤俭建国。要使全体青年们懂得，我们的国家现在还是一个很穷的国家，并且不可能在短时间内根本改变这种状态，全靠青年和全体人民在几十年时间内，团结奋斗，用自己的双手创造出一个富强的国家。"很多党内同志认为，当下我们的经济得到了很大的发展，人民的生活水平也得到了很大的提升，整个社会的消费水平都得到了极大的提升。因此，我们在日常生活中花钱和办事也可以大方一点，再提倡节俭已经与整个时代的发展脱节了，已经是过时的东西了。很显然，这是一种误解。

节俭也是一种文化。对于一个民族而言，提倡节俭戒除奢靡一直都是一个永恒的话题。文明越是进步，那么这个民族对于节俭就越是崇尚。社会越是发达，社会的文明程度越发提升，这个社会的竞争力就越来越激烈，这时就越需要勤俭节约的文化。勤俭节约可以让国家强大，让军队兴盛，让人民富裕。节俭文化的提倡，节俭氛围的营造，最终将会形成以节俭为荣，以奢靡为耻的良好风气。这就是我们党内各级党员干部所要重点实行的部分。

节俭和奋斗一直都是我们社会主义道德规范的内容，也是当前经济社会中的价值观念和党员干部们的行为准则。节俭既是一种价值追求，也是一种永远坚持的政治本色。社会正在转型，党的作风建设过程中，需要党员干部们提升节俭意识。

国学名句集锦

君子之行，静以修身，俭以养德。

——三国·蜀·诸葛亮《诫子书》

　　"自古兴俭以劝天下，必以身先之"。节俭也是一种思想理念，也需要通过实际行动来实现。艰苦奋斗精神的弘扬，主要在于各级领导干部们能否以身作则。习近平在人民日报《专家学者对遏制公款吃喝的分析和建议》等材料上的批示中指出："中央要求厉行勤俭节约、反对铺张浪费，得到了广大干部群众衷心拥护。后续工作要不断跟上，坚决防止走过场、一阵风，切实做到一抓到底、善始善终。"领导干部们需要坚持在党的领导下保证自身的先进性，要倡导节俭之风，避免铺张浪费以及大手大脚的行为，要抵制拜金主义，抵制享乐主义，抵制奢靡之风。禁止使用职权来进行奢侈和浪费，禁止随意挥霍公家钱的可耻行为。

　　节俭意识并不抽象，节俭意识需要被落实到党内的各项工作当中。决策失误就是最大的浪费，对此，党内领导干部们需要下达科学性决策、民主性决策，依法下达决策，禁止那些脑子一热就下达、让人民财产受损失的决策。要讲究实效，要求真务实，要避免虚荣做秀的面子工程出现，更要避免一些为了政绩而劳民伤财的工程。身为领导干部，要学会当家，学会理财，要以节俭为标准来衡量和检验自己的工作。

　　勤俭节约可以得到很多，要让这点成为思维导向；铺张浪费损失很多，这也要成为思维导向。党员干部们要带头进行自我规范和自我把握，然而仅仅依靠这点还不够。党员干部要对自我节俭意识进行强化，要将自律和他律进行结合，要建立更加健全更加科学更加严格有效的党员干部监督机制。党员干部们应自觉接受约束，把自己放到来自各方各面的监督之下。

　　在未来的工作当中，要对艰苦奋斗和勤俭节约的精神进行大力发扬，如此一来，我们就能在未来的工作中克服所遇到的困难，取得更多的胜利。

国学名句集锦

　　志从肥甘丧，心以淡泊明。

——《增广贤文》

崇勤——吹尽黄沙始到金

"千淘万漉虽辛苦，吹尽黄沙始到金。"出自刘禹锡的《浪淘沙九首》，说的是淘金的过程虽然艰辛，但是辛勤的结果还是美好的，付出努力就一定能够有所收获。

《隋书·李密传》中曾经记载了"牛角挂书"的故事。

李密是隋朝末年辽东人，年轻的时候在隋炀帝的皇宫里做侍卫。生性好动的李密在值班时左看右看的，隋炀帝认为李密不是很老实，就免去了他的职务。李密没有懊悔，只是默默回到家中奋发读书，立志要做一个有学问的人。

有一天，李密骑着牛外出访友，就将《汉书》拴在了牛角上，抓紧每一分每一秒来读书。这时候越国公杨素碰巧经过，看到了李密认真好学的样子，非常吃惊，就走上去说道："你是哪里的书生啊，怎么这么用功学习？"李密之前见过杨素，赶忙下了牛拜见杨素。杨素问李密在读什么书，李密答道《项羽传》。

在同李密的交谈中，杨素发现李密很有才气，对事物也很有自己的看

国学名句集锦

博学而不穷，笃行而不倦。

——《礼记·儒行》

法，是个不错的人才。回家后，杨素告诉儿子杨玄感："我今天遇到一个叫李密的年轻人，他的才气和学识比你们兄弟几个要好多了。"杨玄感听了后就主动结交他，最终两人成了好朋友。

曾国藩是湖南省湘乡人士，他的人生、智慧和思想对后代中国人影响都很大，尤其他在家庭教育上的成就非常高。

曾国藩将"勤"字作为自己做人的第一要素。他凡事都要亲力亲为，也教导子女们效法他，要求"诸男在家勤洒扫"，"诸女学洗衣，学煮茶烧菜"。他还为曾家的妇女规定了四项"日课"："衣事"，巳午刻纺花或绩麻；"食事"，每天早饭后做各种小菜；"细工"，中饭后做针黹刺绣；"粗工"，晚饭后做男女布鞋或缝制衣服。曾国藩尽管事务繁忙，还是对"日课"定期检查，亲抓落实。

历史和现实都表明，一个没有艰苦奋斗精神作支撑的民族，是难以自立自强的；一个没有艰苦奋斗精神作支撑的国家，是难以发展进步的；一个没有艰苦奋斗精神作支撑的政党，是难以兴旺发达的。我们党是靠艰苦奋斗起家的，也是靠艰苦奋斗发展壮大、成就伟业的。毛泽东在党的七届二中全会上要求全党在胜利面前保持清醒头脑，在夺取全国政权后要经受住执政的考验，提出"务必使同志们继续保持谦虚、谨慎、不骄、不躁的作风，务必使同志们继续地保持艰苦奋斗的作风"。2002 年 12 月，胡锦涛在革命圣地西柏坡发表重要讲话，要求全党同志一定要牢记毛泽东同志倡导的"两个务必"，发扬艰苦奋斗的工作作风。2013 年 7 月，习近平在河北省平山县西柏坡旧址调研指导党的群众路线教育实践活动时表示，正是因为始终强调和坚持"两个务必"，党才能保持同群众的血肉联系，团结带领人民战胜了前进道路上的各种风险和挑战，不断从胜利走向胜利。要跳出"其兴也勃焉、其亡也忽焉"的历史周期律，就要靠头脑清醒，靠保

国学名句集锦

人一能之，己百之；人十能之，己千之。果能此道矣，虽愚必明，虽柔必强。

——《礼记·中庸》

持"两个务必"。

新时代应该更加要求党员干部艰苦奋斗，也要求"勤俭"一词拥有新的内涵。做人最基本的要求就是勤劳，勤劳的人可以赢得生存资料，只有勤奋苦练才能提升个人的技能。对于执政党而言，只有做到勤政为民，才能获得人民群众的拥护。只有带领人民勤劳致富，才能让社会变得繁荣昌盛。对于领导干部而言，一定要勤政爱民，如果达不到这一点，终日懒散、不思进取，肯定无法取得自身的进步和人民的爱戴，最终将逐渐落伍，甚至走向违法乱纪之路。因此，不管是个人、党派还是国家都要崇尚勤劳。

作为执政党，如果缺乏足够的艰苦奋斗精神必定无法长久地存在下去。所谓的艰苦奋斗和勤劳节俭，并不单单指经济问题，更是直接关乎到政权是否可以稳固的问题。艰苦奋斗和勤俭节约为什么与天下的得失有这么密切的关系？在历史上这类正面和反面的例子多得不可胜数，我们如果不学习节俭，那么浪费的大量资源从哪里来？很明显，这只能从人民群众身上得来。这样一来，人民群众和党员干部之间的矛盾就会加大，共产党的执政地位也就无法稳固。

党员干部如果缺乏艰苦奋斗精神、只顾享乐，在纸醉金迷和花天酒地中迷失自己，就无法励精图治，无法解决社会中存在的各种问题，就会造成社会矛盾逐渐加深。中国共产党之所以能有今天的地位，归根结底还在于当年的艰苦奋斗和勤劳节俭优良传统所赢得的人民群众的支持。

国学名句集锦

人之能为人，由腹有诗书。诗书勤乃有，不勤腹空虚。

——唐·韩愈《符读书城南》

远计——父母之爱子，则为之计深远

《触龙说赵太后》是《战国策》中的名篇。其中，触龙对赵太后说的一句话"父母之爱子，则为之计深远"，一直以来常被人们引用。这句话意思是说，真正疼爱孩子的父母应该为孩子的长远考虑。

战国时期，赵太后刚刚掌权不久，秦国便趁着赵国国内政权不稳，大举兴兵攻赵，很快就攻下了三座城池。赵国形势十分危急，便请求齐国援救。齐国出于信用等方面的考量，便提出要以赵太后最疼爱的小儿子长安君为人质，才肯出兵。然而赵太后溺爱长安君，不肯答应这个条件。

母亲疼爱孩子，这本是人之常情，但国家危难之际，即便是太后，也不该置国家安危于不顾。老臣触龙便在此时被群臣推举出来，前往劝谏赵太后。赵太后已经听过很多人很多次的劝说，因此一见到触龙便知道他是来劝说自己的，在接到拜见请求后便准备好争辩的词语，盛气凌人地等着训斥触龙了。

触龙是个非常有智慧的人，他并没有一出场便呼天抢地地直奔主题，

国学名句集锦

见利思义，见危授命，久要不忘平生之言，亦可以为成人矣。

——《论语·宪问》

而是在进入大殿后以行为和语言表现出自己的老迈。太后也是年长之人，两个人从家常聊起，互相交流了最近的种种衰老迹象，感慨着年华早逝，让太后的戒心渐渐放了下来。

见此情景，触龙对太后诉说了自己疼爱小儿子的心情，希望让自己的小儿子能够担任保卫王宫的禁卫军。赵太后感到好奇，怎么男人也跟女人一样，偏爱小儿子呢？触龙说："臣认为，太后您还是更偏爱您的女儿——现在的燕后啊！"赵太后摇摇头："其实还是更偏爱长安君的。"触龙说，"父母之爱子"，就一定为他考虑得长远一些。当年燕后出嫁，太后在她临走的时候，还握着她的脚后跟哭泣，舍不得女儿远嫁，可是内心却期盼着她在燕国安稳一些，永远不要回来（被休弃），最好能生养子孙，成为王侯，这就是"为之计深远"。

触龙得到太后的肯定后，继续说："从现在看，之前咱们赵国封侯封王的，他们的子孙还有几人继承了侯位呢？不仅在咱们赵国没有，其他国家也没有啊。这是因为这些王侯总是倚仗身份惹出祸事，好一点的自己获罪，情况糟一些的甚至祸及子孙。这都是因为这些王侯没有功劳却身居高位，不劳而获，而且拥有的东西太多了。如今，太后虽然疼爱长安君，却没有将最宝贵的东西——为国立功送给他，以后您若是不在了，长安君如何在赵国安身立命呢？"赵太后深以为然，便听从了建议，送长安君去齐国做了人质，齐国这才出兵救赵。

真正爱孩子，就应该让孩子具备自我生存的能力，而不是倚仗自己的权势、物质基础为所欲为，让孩子的价值观扭曲。前些年非常火爆的一则流行语，"我爸是李刚"就是这样。李刚是保定市某公安分局副局长，他的儿子开车撞倒了两名女孩儿之后扬长而去，造成一死一伤的惨痛结果。当肇事者被目睹这一切的群众拦住的时候，他却理直气壮，异常跋扈地叫

国学名句集锦

得万人之兵，不如闻一言之当；得隋侯之珠，不若得事之所由；得呙氏之璧，不若得事之所适。

——《淮南子·说山训》

嚣:"我爸是李刚!"我们从中可以看到,权力观和价值观的扭曲,让很多"官二代"都迷失了自我。在他们眼中,无论犯了什么错误,只要大喊一声"我爸是××",就会有人出来"摆平"局面。这里面的规则、法律都无所谓,只要孩子高兴,家长做什么都愿意。

然而,并不是每一棵自由生长的小树都能长成参天大树,很多党员干部自己在成长的过程中,做出了很多抉择才走到了今天。他们没有挫折就没有进步,没有进步就不可能有好的结果,然而却忽略了对身边人的提醒和要求。于是,权力变成了笑话,变成了游戏,最后落得个"坑爹"的结果。

海南省地方税务局原副局长陈谟林就是其中一个反面典型。在1998年至2008年期间,陈谟林与妻子、妻弟共受贿8次,本人单独收受贿赂15次,共受贿522万元人民币、13.5万美元;他的妻子严雪兰参与收受他人财物数额共计432万元人民币、10万美元;妻子的弟弟严建海也参与收受他人财物,数额甚至达到了301万元人民币。这样庞大的金额,不由得让我们为其违法违纪行为捏一把汗。正所谓"莫伸手,伸手必被捉",陈谟林被查处后,被判处有期徒刑十五年,查没个人财产80万元。

很多党员干部都是在成为领导后,只顾自己奋斗,对家人的约束放松了下来,这些人并没有意识到自己的问题所在。甚至有一些腐败分子顾及自己的前途,行贿受贿自己不出面,而是利用家庭成员"曲线腐败"。这些"家里人"以陈谟林这种党员干部的权势为依托,大肆"走后门""吃回扣""帮个忙",甚至"卖官鬻爵",无视党纪国法。

反之,如果党员干部的家里人都生活在一个家风淳正、互敬互爱的环境里并深受熏陶,自然会增强价值意识,实现新老之间精神文明的传承。老革命家陈云对子女的要求便是如此,除了讲道理,更是用亲身实践讲

国学名句集锦

营于利者多患,轻诺者寡信。

——西汉·刘向《说苑·谈丛》

"故事",比如吃饭的时候,一定要把盘子里的东西吃光,铅笔用到实在拿不住了才换新的,水池旁贴着"节约用水"的纸条……正是这种无形的影响和教育,让子女们真正感到了勤俭、自律的重要性。

党的十七届四中全会明确提出:"领导干部要严格遵守廉洁自律各项规定,严格要求自己和配偶子女、身边工作人员。"党员干部身边的人,即便获得过许多优待,也不能迷失了自己,反而要在权力的"光环"下找到属于自己的位置,并坚守自己的原则和正确位置。

2015 年 10 月,中共中央印发了《中国共产党廉洁自律准则》(以下简称《准则》)。《准则》如同"三大纪律八项注意",简洁明了,全文 281 字,核心内容是 4 个必须、8 条规范。其中第 8 条为:廉洁齐家,自觉带头树立良好家风。这是"齐家"首次被列入党的规章中。正如习近平所说,领导干部的家风,不是个人小事、家庭私事,而是领导干部作风的重要表现。中华民族自古以来就重视家庭、重视亲情。家庭是社会的基本细胞,是人生的第一所学校。不论时代发生多大变化,不论生活格局发生多大变化,我们都要重视家庭建设,注重家庭、注重家教、注重家风,紧密结合培育和弘扬社会主义核心价值观,发扬光大中华民族传统家庭美德。

"忠厚传家久,诗书继世长。"严以自律、清正廉洁,是对家人亲属的最好馈赠;家风纯正、品德忠厚,也是对党员领导干部的最好保护。廉洁齐家,自觉带头树立良好家风,领导干部任重道远。

国学名句集锦

图未就之功,不如保已成之业;悔既往之失,不如防将来之非。

——明·洪应明《菜根谭》

患忧——人无远虑，必有近忧

《论语·卫灵公》中说："人无远虑，必有近忧。"意思是，一个人如果没有长远的打算，近期一定会有忧患。一个人无论如何都会有忧愁，既可能是近的，也可能是远的，更可能二者俱有，只是在不同的时间表现出的行为不同罢了。

战国时期爱国诗人屈原坚持真理、爱国爱民的精神和他"可与日月争光"的光辉人格，千百年来一直感动和激励着无数华夏儿女。

起初，屈原很受楚怀王信赖，他极力主张变革，强调忧患意识，想要在国家遭遇危险之前富国强兵，却遭到贵族保守派的排挤和仇恨。保守派们不停地在楚怀王面前恶意中伤屈原，最后楚怀王听信了谗言，开始疏远屈原，把屈原从左徒降职为"三闾大夫"。屈原深感痛心，怀着难以克制的忧郁悲愤，写出了《天问》《离骚》等诗篇。屈原在《离骚》中，痛斥小人卖国的行径，表达了他爱国爱民的情怀，对楚国的一花一草，都寄托了无限的情思。

国学名句集锦

君子忧道不忧贫。

——《论语·卫灵公》

屈原虽然降职了，但仍然十分关注楚国的命运。秦国为了打破六国之间的联盟，专门派谋士张仪来楚国游说，屈原不顾自己的生死，进宫劝谏怀王，让他不要上当受骗与秦王结盟，却遭到公子子兰一伙人的阻拦。后来怀王不听屈原的劝告，前往武关与秦王会面，结果被秦国扣留，客死他乡。屈原闻讯后备感心痛，却还满心希望刚即位的顷襄王能富国强兵，洗刷掉楚国的奇耻大辱，却不想顷襄王更昏庸无道，听信亲秦派的唆使，将屈原赶出朝堂，放逐到汉北地区。屈原在流亡途中，听到楚国都城被攻陷的噩耗后，心如死灰，仰天悲叹，绝望地投入了汨罗江中。

中国共产党自1921年成立以来，从只有几十人的小党，发展成为现今拥有8700多万人的执政党，很重要的原因是每个发展阶段，党员干部始终拥有坚定的信仰，能够密切联系群众，始终保持着艰苦奋斗的工作作风，有居安思危的忧患意识，不断强化学习的习惯。

改革开放以来，我国的社会和经济环境发生了翻天覆地的变化，面对这些辉煌成就，一些党员干部开始躺在"功劳簿"上享受，将忧患意识抛诸脑后，面对种种突发事件缺乏应急处理机制，明显缺乏危机感和使命感。更有甚者动摇了共产主义信仰，脱离了群众，追求奢侈腐败的生活。

早在新中国成立前夕，毛泽东就一再告诫全党，"我们决不当李自成"。党的十八大再次指出，全党要增强忧患意识，"面对人民的信任和重托，面对新的历史条件和考验，全党必须增强忧患意识，谦虚谨慎，戒骄戒躁，始终保持清醒头脑"。近年来，一些自认为高高在上、毫无忧患意识的党员干部在权力、金钱、美色面前经不住考验，意志消沉、信仰动摇。个别党员干部的行为削弱了党的威信，严重影响了党的形象，破坏了党和人民群众的团结。党员干部常怀忧患意识，就是要充分认清我们党的根基在人民，检查自己的思想是否与党保持一致，有没有做有损党形象的

国学名句集锦

弗备难，难必至。

——西汉·刘向《说苑·贵德》

事，从思想深处清除错误意识，作风扎实，不脱离群众。

　　纵观世界政治舞台，如果一个政党没有忧患意识，不注重廉洁负责的工作作风，就不可能有进步、有发展。党员干部能否意识到当前形势下的种种隐忧，并及时采取措施，制定应急预案，廉洁奉公，忠实操守，直接关系到我们党执政地位的巩固和事业的成败，直接关系到人心向背。

　　2014年6月30日，中共中央政治局就加强改进作风制度建设进行第十六次集体学习，习近平在主持学习时强调，我们共产党人的忧患意识，就是忧党、忧国、忧民意识，这是一种责任，更是一种担当。要深刻认识党面临的执政考验、改革开放考验、市场经济考验、外部环境考验的长期性和复杂性，深刻认识党面临的精神懈怠危险、能力不足危险、脱离群众危险、消极腐败危险的尖锐性和严峻性，深刻认识增强自我净化、自我完善、自我革新、自我提高能力的重要性和紧迫性，坚持底线思维，做到居安思危。要教育引导全党同志特别是各级领导干部坚持"两个务必"，自觉为党和人民不懈奋斗，不能安于现状、盲目乐观，不能囿于眼前、轻视长远，不能掩盖矛盾、回避问题，不能贪图享受、攀比阔气。

　　孟子云："生于忧患，死于安乐。"只有进一步增强党员干部的忧患意识和危机意识，才能切实保证党的优良作风和政治优势，在天灾人祸面前，战胜各种困难风险，不断取得新的胜利。

国学名句集锦

　　壮心欲填海，苦胆为忧天。

　　　　　　　　　　　　　　　——南宋·文天祥《赴阙》

节制——一积一散谓之道

> 　　唐朝名臣张说曾经写下千古名篇《钱本草》，其中对于金钱有一个鞭辟入里且充满趣味的解读，在这篇文章的末尾，他写道："一积一散谓之道，不以为珍谓之德，取与合宜谓之义，使无非分谓之礼，博施济众谓之仁，出不失期谓之信，入不妨己谓之智。"其实他是在谈论如何用钱才是"道"，也就是说，不要把钱当作最重要的东西，不要太看重金钱。

　　张说是一个非常有才华也很有能力的人。他历仕四朝，曾经三次为相，获封燕国公，曾经协助太子李隆基监国，在李隆基即位后得到了重用。张说擅长文辞，当时朝廷有很多重要的文书都出自他之手，有"大手笔"之称。但是，张说有一个致命的弱点——贪财，曾因为敛钱和排斥异己等罪名，遭到弹劾入狱。唐玄宗李隆基曾派人前去探望，见张说"坐于草上，于瓦器中食，蓬首垢面，自罚忧惧之甚"，看在他有功的份上赦免了他的罪名。张说深感愧疚，写下了这篇著名的奇文《钱本草》，用以警示后人。

全文是这样的："钱，味甘，大热，有毒。偏能驻颜采泽流润，善疗饥寒，解困厄之患，立验。能利邦国、污贤达、畏清廉。贪婪者服之，以均平为良；如不均平，则冷热相激，令人霍乱。其药，采无时，采之非礼则伤神。此既流行，能召神灵，通鬼气。如积而不散，则有水火盗贼之灾生；如散而不积，则有饥寒困厄之患至。一积一散谓之道，不以为珍谓之德，取与合宜谓之义，使无非分谓之礼，博施济众谓之仁，出不失期谓之信，入不妨己谓之智。以此七术精炼，方可久而服之，令人长寿。若服之非理，则弱志伤神，切须忌之。"在这篇文章中，张说深入地阐述了"钱"对于人，尤其是官员的意义。张说有着 40 年的为官经历，有 17 年的修史经验，最终却沦为金钱的奴隶，让一世英名毁于一旦。

中国有句老话："广厦千间，夜眠七尺；良田万亩，日食三餐。"无论在什么时代，钱多了都不是好事。尤其是在改革开放进一步深化、扩大的今天，很多干部在发展经济的过程中迷失了自己，被所谓的"礼尚往来""小意思"所腐蚀，从父母官沦为阶下囚。

2010 年 2 月 10 日，《新京报》报道了这样一则新闻："原共青团石家庄市委副书记涉嫌身份造假。"随后不久，中央组织部新闻发言人证实，这则消息是真实的，王亚丽"造假骗官案"已被立案，本人已被免职，并已经移交到司法机关进行处理。王亚丽出身乡村，初中肄业，早年经历过很多不幸，后来通过傍大款、攀高官、造假等方式跻身政治界，成为地方上著名的政治明星。原本没有人注意到她，但是就因为她过于贪财好物，这才被顺藤摸瓜，让她的"发迹史"大白于人们面前。

或许有些党员干部认为，个人的贪欲可以依靠自制力来控制，所以并不在意这方面的问题。但是，这些人忽略了自己的家庭。有的领导干部自

国学名句集锦

贤而多财，则损其志；愚而多财，则益其过。

——清·王永彬《围炉夜话》

己一身正气，而家属却背地里打着官员家属的旗号搞一些不正之风，做违法乱纪的事。家庭是构成社会的"细胞"，一个人的贪心可以控制，但是一家人的贪心很难控制。很多领导都曾在讲话中特别提到，管好"身边人"很重要。因为"家门"是官员抵制财物诱惑和腐蚀以及保持廉政的第一道"防线"。

原上海卢湾区副区长祝某某就是这样一个反面典型。原本他也想做一个清廉的好官，可是他的新婚妻子刘某却是敛财的一把好手，把追求奢侈的物质生活看作生活中最重要的事情。对于这种情况，祝某某原本应该及时制止，看好自己的"后院"。可他偏偏没有，反而为了让妻子高兴，受贿10多万元，把自家的新房装修一新，简直可以与星级宾馆豪华套房相媲美。俗话说"伸手必被捉"，祝某某因受贿问题受到调查，导致"前院""后院"都着了火。

从上述例子可以看出，能否看好"家门"、守好自己和"身边人"的防线、正确处理家庭成员的欲求、严格教育家属，是衡量党员干部廉洁与否的重要尺度。治家是治国的基础，治国的前提是治家。如果自己的家风都不正，怎么能正人？能否做到从严治家，约束好自己家人伸出去的手，是为政清廉、抵制侵蚀的关键步骤。

一些党员干部在违法违规收受财物后，拒不承认是自己的"贪欲"作祟，将责任推到了行贿人的身上。的确，一些不法分子为了达到不可告人的目的，将本该放在提升自己能力上的精力，放在了寻找党员干部的家庭成员的迫切需求上，见缝就钻，甚至肆无忌惮地行贿。

"苍蝇不叮没缝的蛋"，如果党员干部及其家人都能克制贪欲，干部自身两袖清风，妻子、子女和其他家人能够不越雷池一步，不做违法乱纪的事，就能做到自身过硬，从而保持整个家庭的廉洁。

国学名句集锦

轻财足以聚人，律己足以服人，量宽足以得人，身先足以率人。

——《曾国藩家书》

轻利——不为五斗米折腰

《晋书·陶潜传》中记载了陶渊明"不为五斗米折腰"的故事，表现了他淡泊名利、不为名与利所诱惑的清高自持的态度。

　　陶渊明出生于一个家道中落的官僚家庭。他的曾祖父是东晋著名的大将军陶侃，但到了陶渊明这一代，陶家的声望已经衰弱，生活十分贫困。尽管如此，陶渊明从小就爱读书，受到了良好的教育熏陶，他博览群书，知书达理，养成不爱慕虚荣、不贪享富贵的高尚品格。

　　义熙元年（405），陶渊明在朋友的劝说下，担任彭泽县令。后来，陶渊明遇上来自浔阳郡的督邮刘云来视察公务，刘云生活腐败，凶狠贪婪，每年都会以"视察"为名数次向当地辖县索要贿赂。

　　陶渊明身边的县吏说："我们应当整顿着装、备好上等礼品、恭恭敬敬地去欢迎督邮。"陶渊明听后摇了摇头，叹道："我岂能为五斗米向腐败小儿折腰。"于是，陶渊明仅仅担任了彭泽令八十多天，就收拾行装回到自己的家乡，过起了隐居生活。对于官场，他丝毫没有贪享的念头，反而

国学名句集锦

不宝金玉，而忠信以为宝。

——《礼记·儒行》

在离开后有一种重获自由、挣脱束缚的味道。他每天吟诗作赋，过着世外桃源一样的悠然自得的生活。

名利本为身外物，却吸引了这世上的许多人疯狂执着的追逐，正所谓"名利本为浮世重，古今能有几人抛"。能做到"不以物喜"的人很少，但是陶渊明做到了，用自己的行动向我们表明：名利并非一个人生命的全部追求，我们不应被名利所拖累，被名利所驱使。

淡泊名利并不是不思进取，也不是无所作为，更不是没有追求，而是用自己一颗纯净的心灵，真诚地对待生活中的每一件事，克服人生的种种欲望。在顺境中千万不能忘乎所以，身处逆境时也别妄自菲薄，要保持宠辱不惊、悉由自然的心态。这样就会使你真正地感受到人生的真谛，在淡泊中充实自己。

《三国演义》中，关羽在归降曹操后，为报答曹操以礼相待，斩颜良诛文丑，随后关羽在得知了兄长刘备在河北袁绍处，不顾曹操高官厚禄所诱惑，护送着两位嫂子前往河北寻找兄长。这一路上，他为寻兄长，独行千里，过五关斩六将，留下"千里走单骑"的美名。

习近平在同中央党校第一期县委书记研修班学员座谈时指出，我们领导干部的权力是人民群众赋予的，是为党、为国家、为人民做事用的，只能用来为党解难、为国排忧、为民谋利。要正确使用权力，不为名利诱惑，依法用权、秉公执行、廉洁待人，做到心有所畏、言有所止、行有所意，处理好公事与私事、情与法、利与法的关系。

"廉洁自律是共产党人为官从政的底线。"习近平在同中央党校第一期县委书记研修班学员座谈时还提到"鱼和熊掌不可兼得"的道理，时刻提醒领导干部坚定内心的信念，做出正确的人生选择。

"当官、发财是两条分开的道路，当官就不要发财，想发财就别当

国学名句集锦

贵义而不贵惠，信道而不信邪。

——《春秋谷梁传·隐公元年》

官。"习近平说，"我们的领导干部只要选择从政，就一定要抵制要在从政中发财的这种恶念，选择发财就去合法发财。"

依法治国，就要从基层抓起。习近平强调，县委书记要做遵纪守法的模范，要学会熟练地运用法治思维谋划地区的治理。要牢记法律红线是不能够触犯的，在作出决策、开展实践工作的时候，当被名利诱惑的时候，多想一想是否合法、是否符合原则。

领导干部也需要衣食住行等方面的基本保障，得到一定的待遇无可厚非。但如果在争论待遇多少的情况下斤斤计较，甚至伸手向组织提出要求，或者是收下不义之财，这样影响是极其恶劣的，不光是自身形象毁坏，还会影响到他人的心态，进而妨害工作的开展。

薪酬的确是一个人付出了劳动所得到的回报，但不能舍本逐末。"拿多少钱，干多少事"，这是现在少数党员干部对待工作不积极所做的托辞。这种说法不但消极，在逻辑上也毫无立足点。现实中的一件件事故都一再告诫党员干部们，过分看重自己的所得、追逐名利，反而会迅速失去一切。应当牢记没有什么名利能够比得上老百姓的好口碑。

─── 国学名句集锦 ───

厚者不毁人以自益也，仁者不危人以要名。

——《战国策·燕策三》

兼济——达则兼济天下

> "穷则独善其身，达则兼善天下。"出自《孟子·尽心上》。意思是说，一个人在不得志时就应该洁身自好修养自身品性，春风得意时就使天下人都受益。

孟子对宋勾践说："听说你喜欢周游各国，游说他们的君主。我可以告诉你怎么样游说能够让别人理解也安详自得，别人不理解也不会为难。"宋勾践问："那么要怎样游说才能做到安详自得呢?"孟子说："首先要尊崇高尚的道德，行仁义之道，这样就能够安详自得了。所以当人不得志的时候千万不要失去仁义道德，飞黄腾达的时候也不要离经叛道。不得志的时候不失去仁义，所以为人处事能够安详自得；春风得意之时不背离道德，所以老百姓会支持。古人在显达的时候会施恩惠于百姓，在落魄的时候会修身养性以显现于世。穷困时独善其身，显达时兼善天下。"

在《论语·泰伯》中，孔子主张"天下有道则见，无道则隐"，而孟子则主张让"见"和"隐"更加具体一些，所以说"穷则独善其身，达则兼善天下"。"学而优则仕"，这是中国古代绝大多数读书人终生追求的目

国学名句集锦

视人之国，若己之国；视人之家，若己之家；视人之身，若己之身。

——《墨子·兼爱中》

标。这些人在没有得到重用的时候，或者过着淡泊简朴的生活，或者故意显露出自己的才华，时不时地宣扬一些惊人之语，隐逸对于这些人来说，只不过是吸引人们注意的手段罢了。虽然本身非常渴望入朝为官，但是表面上还是要摆出谦恭的样子。

与之形成鲜明对比的是真正逃脱官场的"采菊东篱下，悠然见南山"的陶渊明，或者原本"躬耕于南阳，苟全性命于乱世，不求闻达于诸侯"、被"三顾茅庐"所打动的诸葛亮，他们的共同特点是不屑于接受世俗规则的约束，胸怀大志而不炫耀，不在乎社会等级差别。

唐朝的李泌很有才华和抱负，虽然受到唐玄宗的赏识，却因此遭到当朝重臣杨国忠的嫉恨，于是他"乃潜遁名山，以习隐自适"。但是他从未放弃自己的理想，在安史之乱爆发时，他在关键时刻挺身而出，声明"俟平京师，则去还山"。等到安史之乱结束后，他又遭受到李辅国的嫉忌，于是再次隐遁深山。屈原为国"虽九死犹未悔"，祖逖为收复中原而"闻鸡起舞"，范仲淹的"先天下之忧而忧，后天下之乐而乐"、顾炎武的"天下兴亡，匹夫有责"，谭嗣同为变法图强而主动奉献生命……这些先贤大能并非是逃避世俗的狭隘隐居者，而是在关键时刻挺身而出的社会责任担当者。"兼济"对应的是"仁"的思想标准，崇尚的是人与社会关系的融洽结合，是和谐社会理想思想境界的表现。

"兼济"精神是中华民族传统思想道德中的精髓，源于思想正统的士大夫阶层，他们将孔子和孟子的思想结合在一起作为人生信仰，认为人生不如意时就洁身自好，而一飞冲天之时则要想到为天下万民尽自己的一份力量。这才是"兼济天下"的精髓。

"兼济"并不是传统知识分子的独有精神境界，更是每一位勇于担当、为民效力的共产党员必须具备的基本素质和情怀。勇于担当的人，永远一

国学名句集锦

得志，与民由之；不得志，独行其道。

——《孟子·滕文公下》

心为公，私事在后，志在高远，视野开阔，意志坚定，甘于奉献。"疾风知劲草，板荡识诚臣。"在山河破碎的动荡年代，李大钊同志提出"铁肩担道义、妙手著文章"来激励青年；在中国共产党带领人民推翻"三座大山"、勇夺新民主主义革命伟大胜利的历史进程中，毛泽东同志提出了"全心全意为人民服务"的工作内涵；在全国人民万众一心求发展，追求更加幸福美好的生活，实现中华民族伟大复兴的"中国梦"时，习近平同志多次强调共产党人要具备担当精神。

习近平在主持中共中央政治局第十三次集体学习时强调："培育和弘扬社会主义核心价值观必须立足中华优秀传统文化。牢固的核心价值观，都有其固有的根本。抛弃传统、丢掉根本，就等于割断了自己的精神命脉。博大精深的中华优秀传统文化是我们在世界文化激荡中站稳脚跟的根基。""兼济"精神是儒家"仁"的理念的延展，也是中华五千年流传下来的思想文化中的核心部分，因而我们必须要求自己学习这种精神。中国共产党是具备担当精神的政党，无论是民族危难时期还是和平年代，只要人民需要，总会有无数党员干部肩负起国家和民族的期望和重任，不畏艰险，不惧牺牲，"虽千万人，吾往矣"。

同时，我们也必须认识到，随着社会的发展，越来越多的人陷入了欲望的漩涡，追求个人主义，一心利己，影响团结和发展的行为和事件层出不穷，所谓的"官场暗黑学"潜滋暗长，圆滑处世、明哲保身的消极理念导致了"四风"现象屡禁不止。这种风气必须刹住，让党员干部重新回归到"公"的立场上来，胸怀"兼济"的信念，勇担公仆的责任。

国学名句集锦

有兼听之明，而无奋矜之容；有兼覆之厚，而无伐德之色。

——《荀子·正名》

第十章　风　气

　　党员干部要想在群众面前维持好形象，要坚持立党为公、执政为民的理念，在大处要守得住，小事上不轻忽，既要自己做得好，又要对下属、家属这些"身边人"严格要求、管得好，必须时时刻刻谨记自己的职责，从树立正确的价值观开始，净化身边的环境，做到风清气正。

◎**朴质**——不如人，勿生戚

◎**求简**——衣取蔽寒，食取充腹

◎**静思**——静坐常思己过

◎**威仪**——以信取威则实

◎**平心**——心虚则性现

◎**取信**——以折中取信

◎**熟虑**——谋定而后动

◎**戒急**——戒急用忍

朴质——不如人，勿生戚

《弟子规》中说："惟德学，惟才艺，不如人，当自励。若衣服，若饮食，不如人，勿生戚。"意思是说，假如一个人德行、学识和才艺方面不如他人，就要学会自我勉励，迎头赶上，一定要有竞争心。反观物质层面上的享受，就应该降低要求，不要与他人攀比。哪怕自己生活比较贫寒，饮食、衣服、房屋等不如他人，也没必要忧愁。

晋朝富豪石崇经常与王恺争豪斗富。王恺每次饭后要用糖水洗锅，石崇则把蜡烛当干柴烧；王恺命人制作了四十里的紫纱当步障，石崇不甘示弱，制作了五十里长的丝锦当步障。

王恺是晋武帝的舅父，晋武帝背地里帮助王恺，赏赐了他一株艳丽的珊瑚树，树高二尺有余，为少有的珍品。王恺拿此树向石崇炫耀，哪想石崇拿来铁棒，挥手将珊瑚树打碎，然后淡然一笑："别生气，我赔偿你个更好的。"命手下人一口气取来七八株珊瑚树，每株都高三四尺，让王恺那株黯然失色。王恺只好低头认输，实在没有脸面继续待下去，连打碎的

国学名句集锦

士虽有学，而行为本焉。

《墨子·修身》

珊瑚树也顾不得要了。

我们应该清楚，如此争豪斗富完全是不明智的，人生在世关键在于学识和德行，一个人如果品学兼优，哪怕生活再贫寒也不会感到可耻。如孔子的弟子颜回，虽然家徒四壁却贫贱不移、敏而好学，老师教他一种道理或学问，他立刻就能举一反三、闻一知十，将孔子的理念发扬光大。孔子一直对他寄予厚望，但令人惋惜的是，他32岁时就离开了人世。

关于颜回的德行，孔子曾盛赞道："贤哉，回也！一箪食，一瓢饮，在陋巷，人不堪其忧，回也不改其乐。"大意是，颜回在吃饭时只是用一节竹筒当作碗，想喝水的时候直接用瓢盛水，又居住在破烂不堪的巷子里，别人都替他感到贫苦，都替他发愁，可他却苦中作乐，对待生活非常达观。

周恩来也有像颜回一样的德行。周恩来的侄女周秉德回忆说，周恩来在世时要求家人要和全国人民一样过苦日子。孩子们都在周恩来的教育下，学会了脚踏实地。在周家孩子中，都是平凡的老百姓，没有人官位显赫，没有人家产万贯，没有豪车、洋房。周恩来担任国务院总理时，即使工作再忙，也会挤出时间照顾家人，自己的衣服自己洗；在衣着上，孩子的衣服都是年长的穿旧了，再让年幼的穿。吃饭时，掉下的米粒一定捡起来吃掉，丝毫不能浪费。

儒家倡导"齐家治国平天下"，放在首位的是齐家，可见古人对"家"这一概念的重视，家是社会群体的最小单位，只有每个家和谐，社会才能兴盛。一个家或家族的传统风尚主要靠家风体现，"家风正，子孙兴"，可见优秀的家风对个人成长的作用是巨大的。

"国有国法，家有家规"。每个人的家庭环境不一样，家庭风气也随之不同。孩子的第一任老师就是父母，父母的为人处世和言谈举止无时无刻

国学名句集锦

晚食以当肉，安步以当车，无罪以当贵，清静贞正以自虞。

——《战国策·齐策四》

不在影响着子女的性格，从最近惩治的一些贪腐案件看，"贪腐父子兵"数量很大，而这些贪腐案件的根源往往是父亲没有树立好的榜样，疏于对子女的管理，更有甚者将违法乱纪当作"秘籍"传授子女，认识到自己的错误时却已深陷牢狱。还有个别领导干部的妻子喜欢攀比，整日里抱怨说"同样是领导干部，人家有豪车有洋房，为什么自己家没有"，这也是一些领导贪腐的诱因之一。

"妻贤夫兴旺，母慈儿孝敬"，中华民族自古重视家庭伦理道德，积累了重要的的精神财富，"六尺巷""岳母刺字"的故事就表明家风对个人成长的巨大作用，为人们津津乐道。家庭为每个人上了人生第一堂课，优良的家风能够为个人成长提供不竭的精神支持，慢慢地塑造了一个人的价值观、人生观、世界观。如果家风不正，鸡鸣狗盗，以耍小聪明走捷径作"家训"，个人往往难以"出淤泥而不染"。

在 2015 年春节团拜会上，习近平特别指示要"注重家风、注重家教、注重家庭"。"家是最小国，国是千万家"，家风正才能民风纯，才能政风清，领导干部必须严以律己，强化家风建设，使自己更好地担起治国平天下的重担，确保权力不"变质"，保证为人民服务。

国学名句集锦

一丝一粒，我之名节；一厘一毫，民之脂膏。宽一分，民受赐不止一分；取一文，我为人不值一文。

——清·张清恪《禁止馈送檄》

求简——衣取蔽寒，食取充腹

在日常生活中，司马光非常注重勤俭节约，他在《训俭示康》中说自己"平生衣取蔽寒，食取充腹"，却"不敢服垢弊以矫俗于名"，意思是说自己一切求简，衣服足以蔽寒，食物足以充饥就行了，也不敢故意穿脏破的衣服求取好的名声。

司马光经常教导儿子说："食丰而生奢，阔盛而生侈。"为了让儿子了解勤俭持家的重要性，他写了一封论节俭的家书。在家书中，他反复批评生活奢靡，大力提倡勤俭，明确点出要"杜绝奢靡恶习"。他强调，古人把俭约作为美德，如今俭约却遭讥笑，实在是不可取。他还说，如今道德颓弊，世人讲究排场，走卒车夫穿的衣服却和文人差不多，老农脚上也穿着锦鞋，过多的应酬导致"常数月营聚"，铺张浪费严重。他非常厌恶这种陋习，为此他感慨道："居位者虽不能禁，忍助之乎！"

司马光大力推崇节俭美德，他肯定了真宗、仁宗时李沆、鲁宗道和张文节等官吏的勤俭作风，并援引张文节的话说："由俭入奢易，由奢入俭

国学名句集锦

万物之始，大道至简，衍化至繁。

——《老子》

难。"他接着又援引春秋时期的御孙说过的话："俭，德之共也；侈，恶之大也。"对于勤俭与道德的关系，他写道："言有德者皆由俭来也。夫俭则寡欲。君子寡欲则不役于物，可以直道而行；小人寡欲则能谨身节用，远罪丰家。""侈则多欲。君子多欲则贪慕富贵，枉道速祸；小人多欲则多求妄用，败家丧身。"

司马光为了让儿子知道奢侈的危害，常常列举史实以为鉴。他对儿子说，魏晋时期的何曾"日食万钱，至孙以骄溢倾家"，石崇"以奢靡夸人，卒以此死东市"。近世寇准生活豪侈冠于一时，"子孙习其家风，今多穷困"。司马光常常警示孩子生活要勤俭，虽然表面上看来这不是大事，实质上却是富国强兵的基业，正是这种好品质才能修好身、齐好家，最后做到治国、平天下。

司马光推崇的"由俭入奢易，由奢入俭难"的名言，受到世人传诵。在他的监督下，儿子司马康年幼时就知道了勤俭的重要性，做到了严于律己，成年后历任校书郎、著作郎兼任侍讲等职，因博学、廉洁和生活俭朴被后世称誉。

幸福的家庭虽然需要大量的物质基础，但"家之兴替，在于礼义，不在于富贵贫贱"。诸葛亮教诫儿子修身养性，"非淡泊无以明志，非宁静无以致远"，所以后世人誉他们祖孙三代为"三世忠贞"。包拯严格要求后代不违法乱纪，一旦违背其志就不再是包家子孙，死了也不能入包家族谱。岳母为岳飞刺下"精忠报国"四字，岳飞又严格教育儿子用忠心报效国家。"积德之家，必无灾殃。"真正关爱子女就要做到树德育人，为家人留下受用不尽的精神财富。

尤其注意的是，家风家教关系着党风政风。周恩来曾在建国后亲自制定包括不以权谋私、不走后门等内容的家规，并且几十年如一日地坚守。

国学名句集锦

君子皆知文章矣，而欲服者弥少。臣故曰：俭其道也。

——《韩非子·十过》

焦裕禄同志坚决不准子女"看白戏",亲自把票款如数送还戏院,还建议县委县政府做出"十不准"的铁规,为世人所称道。良好的家风家教,就是中国共产党立党为公、执政为民的体现。

习近平在同中央党校第一期县委书记研修班学员座谈会中,提出了"四有"理念——"心中有党、心中有民、心中有责、心中有戒"。领导干部也有自己的家庭,关爱家人也是人之常情,但是怎样去关爱,却令人深思。党员干部的家庭亲情,切记要摆在人民群众的根本利益之下;对于个人利益的追求,则一定要在遵纪守法、公私分明的底线中获取。

儒家讲究修身、齐家、治国、平天下,其中基础是修身。当今社会领导干部家庭建设,更应该从"严以修身、严以用权、严以律己"入手,牢牢把搞好家风家教作为要务,真正做到"权为民所用、情为民所系、利为民所谋"。

国学名句集锦

祭而丰,不如养之薄也。

——北宋·欧阳修《泷冈阡表》

静思——静坐常思己过

在《曾国藩家书》中有这样的话："静坐常思己过，闲谈莫论人非，敬君子方显仁德，怕小人不算无能。"意思是说，要常常静坐下来思考自己的过错，在与人闲谈的时候不要谈论他人的是非，对君子尊敬更能显示出一个人的仁义和德行，害怕小人不算是无能的表现。

孔子说："学而不思则罔，思而不学则殆。"盲目的学习但不思考很容易感到迷茫，只顾着思考而不努力去学习就会懈怠。

孔子自己就是一个非常善于思考且尊重师长的人。拜访老子的时候，孔子带领学生们走了非常远的路才到了老子的家。当时老子正在闭目养神，孔子就在老子的身边站了很久，直到老子缓缓睁开眼睛为止。

见老子醒了，孔子对老子恭恭敬敬地行礼，然后问老子该如何为人处世。老子听后再次闭上眼睛，片刻后指着自己的嘴巴说道："你瞧，我的牙齿还剩多少？"孔子有些奇怪，但还是认认真真地看了看，只见老子嘴里的牙大部分都掉光了。孔子答道："先生嘴里的牙不多了。"老子点点

国学名句集锦

吾日三省吾身：为人谋而不忠乎？与朋友交而不信乎？传不习乎？

——《论语·学而》

头，还是指着自己的嘴巴："那你瞧我的舌头呢？"孔子再次认真看了一遍，答道："先生的舌头很正常，和我们大家的一样。"老子再次点点头，闭目不说话了。这时，孔子再次恭恭敬敬地向老子行了一礼，转身带着弟子们离开了。

归途中，弟子们很不理解，都在说大老远来求学，却什么都没学到。弟子们的话让孔子莞尔一笑，他对弟子们解释道："其实老子先生已经将道理告诉我们了，只是你们没有用心思考而已。"

弟子们不解，孔子就继续解释："老子让我们看他的牙，他的牙本来是非常坚硬的，然而现在却剩下不多了。老子的舌头非常柔软，但是历经那么长时间却没有发生太大的变化。舌头和牙都在同一个环境里，为什么坚硬的牙齿快掉光了，然而舌头却依旧完好呢？这是因为以柔克刚的缘故啊！舌头虽然柔软，但却懂得保护自己，牙齿虽然刚强，但整日碰撞，时间长了必然会受损脱落啊！"孔子的解释让学生们纷纷点头不已，他们对于老子渊博的学识和孔子的善于思考都非常佩服。

社会中的我们，每天的经历都是在学习，每一次犯的错误都是一次经验。只有常常静坐思考自己每天所学习到的东西、所做的错事，然后把好的经验继续保留，坏的经验加以改正，这样才能不断成长，不断进步。

习近平在十二届全国人民代表大会第二次会议安徽代表团参加审议时，提出的"三严三实"把修身列为第一，正所谓"修身、齐家、治国、平天下"，如果个人修养不够，那么"齐家、治国、平天下"根本就无法实现。党员干部首先要做到严以修身，要常常独坐静思，思考促进学习的同时还可以改正自己工作中的错误和不良作风。

官员修身，要常常静思。习近平指出，官员平时工作繁忙，很难抽出时间来进行自我修养的提升。静思却可以弥补这一点，静思可以随时随

国学名句集锦

进思尽忠，退思补过，社稷之卫也。

——《左传·宣公十二年》

地，时间可长可短。官员通过静思对自我修养中不足的部分进行分析，进行改正，这是很好的提升自我修养的方法。

官员用权，要常常静思。习近平指出，官员手中的权力是普通人所没有的，很多人为了一己私欲借助官员的权力来违法获取私人利益，就会把主意打到官员头上。因此，官员在使用手中权力时，要常常静思。要明白一点，权力是人民赋予的，那么这些权力就应该公平地使用到人民身上。官员用权时，静思可以让官员明白权力究竟有没有用到人民身上，进而也就可以更好地做到权力取之于民，用之于民。

官员律己，要常常静思。习近平指出，很多官员在上任之初都是想着要造福人民，做一个清官。然而由于自律性不够高，抵挡不住花花世界的诱惑，最终一步步走向了贪污犯罪的道路。官员要律己，要静思律己。静思时，思索自己有没有不知不觉地被人诱惑，有没有在不知不觉中走向贪污的道路。官员律己，常常静思，可以帮助官员严以律己，进而做一个清官、好官。

官员谋事，要常常静思。习近平指出，官员谋事要为民谋事，不可因为私心而谋一己之私利。身为官员，一举一动都代表着党，代表着国家。官员谋事，必须要一心为民。官员谋事，常常静思，可摒弃以权谋私的恶念，用权为公，用权为民，才会做一位好官。

官员交友，要常常静思。习近平指出，为官交友，当交正友。好的朋友可以促使人进步，而坏的朋友却会将人拉入万丈深渊。官员交友，常常静思，思考哪些朋友是真正的朋友，哪些朋友是酒肉朋友，哪些朋友是为了让你办事，哪些朋友是真心实意和你相交。官员交友静思，可避开酒肉好友，远离贪腐深渊。

总之，官员要经常通过静思来提升自我，从静思中避开世俗私利，从静思中学会善于用权，学会用权为民，学会严以律己，学会远离损友。

国学名句集锦

怒则思理，危不忘义。

——西汉·刘向《说苑·立节》

威仪——以信取威则实

古人云："以威取信则虚，以信取威则实。"意思是说，用武力取得别人的信任是一时的、虚幻的，以诚信的力量取得的威仪才是真实的，被人认可的。

春秋时期晋国有个暴虐如商纣王的昏君，他整天酒池肉林。在他的臣子中有一个叫赵盾的人，为人忠厚，时时处处都在对君主进行思想开导。这位君主听得很不耐烦，终于有一天爆发出来，想雇杀手把赵盾杀掉。这个任务交到了一个叫钼麑的杀手身上。天还没亮，钼麑就到了赵盾的家中。这时赵盾已经早早地就起床了，穿好上朝的服装，正在闭目静思。

杀手看见后很感动，心想："这个人对于国事如此郑重，绝对是国家需要的栋梁。假如我在这里将他杀了，就是不忠不义，对不起国家，对不起百姓；但是我不杀他，又会失信于君主，这是不信。如此不忠不信的人，活着还有什么意义呢？"最后他没办法，就只好撞树自杀了。

一个人的威仪在于巧妙地运用理与法，因而有威仪的人可以产生巨大的力量。《弟子规》中说："冠必正，纽必结，袜与履，俱紧切。"这句话

国学名句集锦

不言而信，不怒而威，师之谓也。

——西汉·韩婴《韩诗外传》

的意思是，一个人应该注意自己的着装整齐，不要看起来不三不四的样子。一个人如果有素质有修养，从外表上服装穿着上就可以体现出来。

威仪不是装出来的，而是靠自身具备的实力体现的。近年来落网的官员，在反腐工作的开展中被查处的违法乱纪者，这些人都有一个共同点，那就是他们都曾经高调发表过反腐败的言论。从正常逻辑来讲，这是一个非常矛盾的行为——自己本身都有问题，何来的底气在群众面前高调反腐败？

归根结底，还是因为这些腐败官员严重脱离了群众。尤其是一些高级别干部，他们在奢侈的办公楼里，上下班有专车接送，普通老百姓看上一眼都难。他们只会在特殊的节日，在摄像机的镜头下下乡，"慰问百姓"，复述几句冠冕堂皇的台词，然后在一群保镖拥簇下离开。而这样的行为，只会让他们和群众的心灵越来越远。

正定农民夫妇王素华、张银辉一直非常喜爱绘画，执着追求艺术。刚进城的时候，举目无亲，没有落脚之地，便在街上租了个铁棚子，经营一些书画作品。习近平路过时，与这对夫妇聊了起来，当习近平了解到他们夫妻俩有创办美术学校的念头，他当即表示非常支持。

不久之后，当很多人都以为习近平只不过是口头上表达一下鼓励的时候，习近平已经协调好各方关系，帮助这夫妻俩解决了建校的困难，还特批了一些木材，用于制作学校的桌凳。由此可见，想要立威必须有信，领导干部要想取信于民，必须做到言行一致，做到"言必信，行必果"，做事情有始有终，只有这样，才能树立起个人和政党的威信。

"请你告诉前面警车上的同志，他们后面的车上坐的不是老爷，不要动辄八面威风。我们是来给老区百姓办事的，不能给群众添麻烦！"——这句话是习仲勋在 1985 年 11 月 5 日早上 8 时到江西老区井冈山、兴国、

国学名句集锦

父母威严而有慈，则子女畏慎而生孝矣。

——《颜氏家训·教子》

瑞金等地调研时说的。在前面开道的警车不停地对着周围群众响着警笛，警卫人员也时常从车上将两面红旗伸出到街道上四处挥动，并让过往车辆注意让道时，习仲勋看不过去了才发表此言。

良好的威仪，指的是人们的言行举止都需要庄重且符合时宜，能够知人、知时、知天、知地，表现得体。平常的生活中也应注重礼仪，展现出良好的形象，如坐有坐相、吃有吃相、站有站相等。但是，如果心中失去信念，人们的言行就会在不经意间转变，变得散乱，变得不谨慎。如与人聊天聊得太过忘我，会在公共场合中放声大笑，又或是坐久了，身体会变得僵硬，意识会变得模糊，就会习惯性地跷脚、弯腰驼背，将原本随意的习惯表现出来。这些下意识的反应，是因为自己的心失去自我觉察的信念，同时也说明良好的习惯并没有根深蒂固。

打铁还需自身硬，好钢还须利刃磨。党风廉政建设是一项需要持之以恒开展的工作，因此党员干部首先就要做到洁身自好，随时铭记党纪法规，练就一身刚正不阿的坚硬本领，让糖衣炮弹、贪污腐败无缝可钻。如此，才能在反腐倡廉的道路上越走越顺畅，才能更多地培养和浮现出廉洁奉公、洁身自好的人民公仆，才能在党风清廉的政治建设中屡创佳绩。

"桃李不言，下自成蹊。"党员干部的威信，对群众来说可以说是无言的感召，对下属来说是无声的命令，能够激发出人们对自己的信赖和尊重。因此，领导干部是否有威信，不仅对工作对社会主义事业的成败至关重要，还直接关系到党组织和人民政府在群众中的形象和公信力，关系到伟大民族复兴的进程。

国学名句集锦

平日遇事不能持平，威信无从服众，以至一发难收。

——清·李鸿章《圜经》

平心——心虚则性现

《菜根谭》中说："心虚则性现，不息心而求见性，如拨波觅月；意净则心清，不了意而求明心，如索鉴增尘。"意思是说，一个人只有在内心坚定，没有丝毫杂念的前提下，他的善良本性才会浮现，心神不宁的人越想要明白内心，就越像拨开水面寻找水中月一般，越拨越是破碎；只有在一心一意、意念清纯时心中才会明了，如果不清除障碍，就像在镜子上铺满灰尘一样根本照不清自己原本的模样。

"心虚性现，意净心清。"《庄子·大宗师》中记叙了一个故事：有一天，南伯子葵向女偊问道："你的岁数已经这么大了，但你的容颜却像小孩一样，这是什么原因呢？"女偊回答："因为我得'道'了。"南伯子葵说："'道'是什么？可以学习吗？"女偊回答说："不！道不能够学习，因为你不是能够学习'道'的人。卜梁倚有着圣人的才学却没有圣人虚怀若谷的心境。而我有圣人的心境，让我来教诲他，难道他就能够真的得道

国学名句集锦

平易恬淡，则忧患不能入，邪气不能袭，故其德全而神不亏。

——《庄子·刻意》

吗？事实却不是这样，我将圣人虚怀若谷的心境传达给有圣人才气的人，这本来是很容易的，而且我还是告诫他，三天之后便能鸟瞰天下万物，得到永生。但是'道'只能够自己去领悟，就算有人给你指明，也需要自己抱着心平气和的态度去深思。"

《庄子·天运》中记叙了一段孔子向老聃请教的故事，孔子遵照老子的指教去执行，果然得了"道"。孔子对老聃说："我知识渊博，一生研修《诗》《书》《礼》《乐》《易》《春秋》这六部经书，自认为已经熟记在心，知晓旧时的各种典章制度；就以违反先王制度的七十二个国君为例，阐明了先王治世的政策和彰明周公、召公的伟大政绩，可是现在的各个国君却没有一个人取用我的主张，这是为什么？是人难以劝谏，还是大道不明朗呢？"

老子说："幸运啊，你从来没有遇到过贤明治世的国君！这六本经书，乃是先王留下的陈旧理念，哪里是先王本身的意志，如今你所研究的东西，就好像是足迹，足迹是人们一步一步走出来的，难道足迹就是脚吗？并不是。就拿虫来说，雄的虫子在上方鸣叫，雌的虫子在下方接应而诱发生子；就算是同一种类的雌雄两个个体，也不会不待交合而生子。人的本性不可改变，天时命运也不可变更，时光也一直流逝，大道不会阻塞。假如真正修得大道，无论去哪里都能够顺风顺水；失道的人，无论去哪里都是艰难险阻。"

这番谈话之后，孔子三月闭门不出，下一次遇见老子的时候，孔子说："我终于得道了。乌鸦、喜鹊在鸟巢里生儿育女，鱼儿借助水里的空气生育，蜜蜂则从蛹中而生，刚生下的孩子就应该常常啼哭，有很长一段时间我没有能够理解到万物的自然变化规律，不能跟自然规律相识为友，又怎么能对他人谏言呢？"老子听了后欣慰地说："好，孔丘得道了！"

--- 国学名句集锦 ---

平出于公，公出于道。

——《吕氏春秋·大乐》

对于党员干部来说，要想心安、心静，就要远离人世间的贪欲，不贪图名利所带来的享受，还要教导身边人不能有贪欲，不能打着自己的旗号办事，要淡泊、宁静。毛泽东一直以来都再三地嘱咐他的儿女不能用他的名义、地位、权势去搞一些偷鸡摸狗、谋私利的事情。"成年之后，工作时也不要对同志们提起我，不能够把我的名字经常挂在你们的嘴边上去唬人。你们要靠自己的努力去奋斗，去创造成绩。"毛泽东在毛岸英去参加工作时就这样告诫儿子。

当李敏年纪还小的时候，毛泽东便告诫李敏："你还在上学，你就是一个学生，不要说你是毛泽东的女儿。"李敏快要参加工作的时候，毛泽东也同样叮嘱道："工作的时候就告诉别人你是解放军的一员，别说你是毛泽东的女儿。"

著名作家巴尔扎克曾经说："贪心好比一个套结，把人的心越套越紧，结果把理智也闭塞了。"少欲则心安，不盲目攀比，不为权力诱惑，不为金钱所困，不为情欲所惑，党员干部要做到平心静气，就要改造主观世界、加强党性修养，时刻自省、自励，老实做人，踏实做事，清白为官。

国学名句集锦

达亦不足贵，穷亦不足悲。

——唐·李白《答王十二寒夜独酌有怀》

取信——以折中取信

《汉书·刘向传》中说："览往事之戒，以折中取信。"可见，取信于人很重要，只有被人民所信任的人才是真正能够为人民做出贡献的人。人生在世，要想处理好人际关系，做好工作，能否取信于人很重要。

"取信于民"是一个政治原则。对于一个政党来说，取信于民是重中之重。"商鞅立杆"就是为了取信于民，成功变法，于是开辟了法治时代的大门。"曹操断发"也是为了取信于民，才成就了一代霸业。

中国古代著名的"烽火戏诸侯"的故事就是一个反例。周王畿所在地的关中是地震带，还常常发生旱灾，所以当时周的领地内流亡的民众很多。周幽王即位后，不但没有奋发图强，反而重用奸臣，盘剥百姓，与西戎的战争也失败了。大臣褒珦劝谏幽王，但是幽王非但不听，反而把褒珦关押起来。褒珦在监狱里度过了三年的时间，为了救他出狱，褒国人便应对幽王好色的癖好，寻访一名姒姓美女，起名为褒姒，献于幽王，以此替褒珦赎罪。

国学名句集锦

为人子，止于孝；为人父，止于慈；与国人交，止于信。

——《礼记·大学》

幽王非常宠爱褒姒，马上立她为妃，同时释放了褒珦。自从褒姒进宫开始，幽王便十分宠幸她，但是褒姒生得虽美却性情冷淡，从来没有笑过。周幽王便想尽办法，博得褒姒一笑。可是无论怎样讨好，褒姒却总是无动于衷。昏庸的幽王竟然贴出告示悬赏，能够让褒姒一笑的人，赏金千两。佞臣虢石父献上一计，提议点燃烽火台戏耍诸侯。

烽火是古代遭到敌寇侵犯时的紧急军事报警信号，为保证国家安全，从国都到边境都设立了烽火台。西周的烽火台是为了防备犬戎，所以在骊山一带修筑了20多座烽火台，一旦犬戎进袭，立刻点燃烽火，向附近的诸侯报警，诸侯见了烽火，必须起兵救援。周幽王采纳了虢石父的建议，登上了骊山烽火台，点燃烽火，各地诸侯一见烽火冲天，果然带兵马急速赶来。然而当他们到了却只见周幽王和褒姒高坐台上饮酒作乐，便愤愤而归。褒姒见千军万马匆匆赶来而复返，觉得很有趣，便嫣然一笑。幽王大喜，果然赏赐了虢石父千金。自此之后，幽王多次戏耍诸侯，终于让诸侯们愤怒至极而不再相信幽王。

后来，幽王想要废黜王后申后和太子宜臼，改立褒姒为后，册封褒姒生的儿子伯服为太子，并废黜申后的父亲申侯爵位，而且出兵讨伐申侯。申侯先发制人，会同缯侯及犬戎的兵力，大举进攻都城镐京。周幽王急忙命令烽火台点燃烽火，可是诸侯却不再来了。

犬戎兵一到，西周的士兵早就放弃了抵抗，一哄而散，周幽王带着褒姒、伯服，仓皇出逃，逃亡途中再次点燃烽火，仍然没有任何人赶来救援。最后周幽王死在了乱军之中。至此，西周宣告灭亡。

信任是最经不起戏耍的，周幽王将祖辈数百年积下的信义付之于美人一笑，最终落得国破人亡的下场。孔子说："足兵，足食，民信之矣。"可见，为政之要在于"取信于民"。我党一直以来都将"立党为公，执政为

国学名句集锦

务伪不长，盖虚不久。

——《韩非子·难一》

民"当作最根本的执政理念，为的是让群众能够真正地信任党员干部，信任政府。但是，当前很多领导干部为追逐名利，不惜牺牲群众利益，最后不仅受到了群众指责，更破坏了党的形象，影响了干群关系，损害了国家利益。

古时候的大德大能都因为取信于民而得到天下，得到民心。今日我们解决群众提出的问题，热情服务、回馈百姓，也是取信于民的表现，目的就是为了树立百姓心中良好的政府形象、党员形象，这是我们稳住基业、开辟事业的根本途径。作为党员干部，我们要做到心中有百姓，心系百姓利益，走群众路线，认真落实整改，将问题细致化、具体化。让百姓满意，还要坚决打击不正之风，坚决打击"天价培训""带病升职""吃空饷"等不正常现象。

除此之外，构建社会主义和谐社会，绝不允许有特权阶级存在，如果有腐败问题就必须及时纠正，有"贪老虎"就必须严厉打击。党员干部一旦承诺，就必须从自身做起，用党性的要求来严格约束自己，以身作则，用政绩来证明自己的工作能力，用百姓的口碑来证明自己的工作效果，这才是党员干部正确的工作方法。刘云山在主持召开中央党的群众路线教育实践活动领导小组会议，并研究部署第二批教育实践活动工作时指出，党员干部和政府机关都应该"说到做到，兑现承诺"，必须将"取信于民"的教育实践活动成果落实到基层中去。他还表示，整改承诺一旦做出了，就必须要言而有信、说到做到。光说不练，是不讲诚信的做法，会失信于民。

"水能载舟，亦能覆舟。"作为党员，取信于民是基本素质。党员干部要想取信于民，必须真抓实干，努力为群众办实事、解难题，想方设法解决群众关心的问题，放下架子，甘当一名"普通人"，才能走进群众，融入群众。

国学名句集锦

与人以实，虽疏必密；与人以虚，虽戚必疏。

——西汉·韩婴《韩诗外传》

熟虑——谋定而后动

古人云："谋定而后动，知止而有得。"对于一个国家来说，治国和御敌是头等大事，二者都关系到民众的生死、国家的存亡，是必须慎重周密地观察和分析的。从这个目标基础上来看，政府的决策过程如同作战用兵，必须做到三思而后行。

战国时期，秦孝公即位之初，秦国国力尚弱，总是受到邻国的欺辱，秦孝公立志要改变秦国的贫弱状况。经过一番深思熟虑后，他不顾群臣反对，大胆启用商鞅，经过一系列改革，实现了富国强兵的目的。

当时秦孝公任用商鞅进行改革，秦国的大臣都持反对意见，他们认为商鞅不是本国人，是别国派来败坏秦国基业的奸细。但是秦孝公经过一番思考后，力排众议，决定进行变法图强。当时有个叫甘龙的大臣在朝堂上反对，他驳斥道："改革一点也不对，只会给百姓增加不必要的负担。目前在秦国，旧法度为官吏熟悉，民众也习惯了旧的法度，大家在一起相安无事，为什么要大费周折地搞变法呢？"

国学名句集锦

虑善以动，动惟厥时。

——《尚书·说命中》

秦孝公回答说，贤明的人能更改制度，无能的人就只能拘泥于现状，秦国如果不改变现状，便只能在强国的夹缝中苟延残喘，永远得不到称霸的机会，说不定哪一天就会灭亡。所以，秦孝公毅然决然地推行变法，结果不仅使秦国成为战国七雄之一，更是为秦始皇统一天下打下了牢固的基础。

成大事者必定深谋远虑，这是成功的基础。也就是说，在谋划重大事情之前，自己一定要深思熟虑，只有这样才能减少错误的发生。而这又需要具备非同一般的眼光与气度。

但是，时下的一些领导干部好大喜功、脱离群众、注重私利，做出的决定违反中央规定，甚至违背客观规律，致使人民群众蒙受巨大经济损失，严重影响了党和政府的形象，减弱了政府公信力，削弱了政府权威。

全国政协原副主席苏荣及其家族便是这个方面的典型。苏荣在担任江西省委书记时，非但没有为老区人民做出贡献，反而极大地损害了群众利益，破坏了党在人民心中的形象。卖官鬻爵、违规用人、插手项目、假反腐真敛财……这都是苏荣管用的"致富"方法。事发后，他曾经回忆并忏悔："我算了一下，副厅级以上干部给我送钱款和贵重物品的人数达40多人。我破坏了党的优良传统和规矩，严重违反了组织人事纪律，涉嫌受贿犯罪，真是悔恨交加、后悔莫及，现在说这一切都晚了。"

是的，如果当初能够多想想自己的身份，想想自己肩上的重担，是否就不会有现在的悔恨了呢？回忆自己卖官鬻爵的过程，苏荣说："正常的同志关系，完全变成了商品交换关系。我家成了'权钱交易所'，我就是'所长'，老婆是'收款员'。"其妻于丽芳和亲属们俨然成为了"说了算"的"皇后娘娘""外戚"，苏荣丝毫不顾及省委书记的尊严和党员干部肩上的重任，成为了批发"官帽"的"商人"。一旦苏荣没有达成妻子于丽芳

国学名句集锦

巧言乱德，小不忍则乱大谋。

——《论语·卫灵公》

的愿望，于丽芳便对苏荣大吵大闹，甚至培养出一批"买官"代理人，打着干部人事制度改革的幌子，专断独行，大搞委任干部的"一言堂"。

对持不同意见的党员干部，苏荣均给予打击报复，且非常公开，即便是攀附于他的干部，也"心有戚戚焉"。据说苏荣经常用"叫纪委查你"来恐吓身边不听话的人。不仅是妻子，苏荣的亲朋故友也在其主政江西时无法无天。据调查，在苏荣的家族中，至少有13人涉案。

苏荣被调查后，当地甚至流传着"苏荣在外面的时候想提拔谁就提拔谁，在里面的时候想让谁下去就让谁下去"的说法。

不良的示范和影响，不良的家风使得党风、政风越来越坏，进而带坏民风。事后的忏悔总是迟到的，如果一开始伸手向群众、向其他干部索要贿赂的时候，就多想想自己的身份，想想自己在入党的时候立下的誓言，想想自己肩上承担的重量；在听到"枕边风"、听到身边人撺掇的时候能够及时制止，思考一下其目的再决定；在听到奉承话、煽动性语言的时候能够多审视一下自己的灵魂，结果会不会是另一副模样呢？

人们常说："为官一任，造福一方。"许多党员干部在意识到自己已经走上违规、犯罪道路的时候，都已经太晚。所以，领导干部一定要熟虑后再做出决定，无论在工作中还是在生活中都是必不可少的。在家庭中，熟虑可以减少家庭不必要的矛盾和纠纷，使家庭幸福美满。只有家和万事兴，才能更好地治国平天下。在工作中，熟虑可以减少与同事之间不必要的矛盾，将全部身心投入到无限的社会主义建设中。熟虑每一个决定，使每一个决定经得住人民和时间的考验。只有这样，才会得到人民群众一如既往的拥护。

正如习近平在考察兰考时说的："领导干部就像一根扁担，一边连着党，一边系着群众。"这根扁担要始终将两边同时放在心里，认真思考自

国学名句集锦

智者千虑，必有一失；愚者千虑，必有一得。

——《史记·淮阴侯列传》

己做出的每一个决定，但又不能畏畏缩缩，不敢做事，辜负了党和国家的信任，更不能急功冒进，只是想着自身的利益，总想着自己加官晋爵，也不是一根合格的扁担。

深思熟虑是一个习惯，这个习惯不是天生的，而是在个人成长中潜移默化形成的。在这个过程中，家庭占据了很大一部分，也可以说是家风家教的一种体现。如果一个孩子的父母办事谋定而后动，那他们的孩子做事肯定不会冒冒失失，这样的孩子成长为领导干部时，定然可以造福一方，真正做到权为民所用，情为民所系，利为民所谋！

国学名句集锦

临行而思，临言而择。

——北宋·王安石《仁智》

戒急——戒急用忍

古人云："谨言慎行，戒急用忍。"意思是，说话做事都要谨慎，用忍耐来代替急躁的行动。

《三国演义》中，张飞就是一个容易急躁的人，并且对手下人极为严厉，连刘备都说过他用刑太严。关羽兵败麦城战死后，张飞一心急着要为二哥报仇，命令手下张达和范疆三天内准备好白色军旗和白色战甲，以备攻打东吴时使用。

张达和范疆因为时间不够向张飞申请多一些时间，急躁的张飞直接把他们拉出去绑到树上用鞭子各抽50下，还声称三天之内如果准备不好军旗和战甲，到时直接将他们斩首。张达和范疆核计，三天内肯定无法准备完成，两人为了保命，晚上偷偷地溜到张飞营帐里，将熟睡的张飞杀了。

如果说张飞的死主要还在于他太过严苛了，那么苻坚的失败就完全要归咎于急躁的性格了。苻坚是前秦皇帝，建国之初也是英明神武，统略有方。然而做皇帝时间一长，他就开始自高自大起来，脾气也变得十分急躁。

国学名句集锦

君子有三戒：少之时，血气未定，戒之在色；及其壮也，血气方刚，戒之在斗；及其老也，血气既衰，戒之在得。

——《论语·季氏》

　　淝水之战中，苻坚引八十万大军，隔淝水与东晋谢石对阵。论及双方实力对比，苻坚的实力本完胜谢石的，然而由于对胜利的急切渴望，最终却导致前秦被东晋打败，成就了东晋以少胜多的著名战例。起初，苻坚认为自己很快就能解决战争，轻敌冒进，还让使者前去劝降，然而谢石手下有谋士分析："苻坚大军虽众，但兵未全至，当下引兵攻其前军，可出其不意败其前军，亦可挫伤其锐气，进而破其百万大军。"

　　谢石听取谋士的建议，以攻为守，率军主动出击。谢石麾下大将刘牢之率军击败苻坚前锋，击杀秦军将领梁成，使苻坚的军队损失五万主力。其后晋军堵截淮河渡口，杀死秦军一万五千军士。

　　前锋失利，这时本该撤退，但苻坚急于获胜，不顾众人的建议执意要渡河而战。苻坚军渡河决战时，晋军大喊前方的秦军败了，导致苻坚军心大乱，最终苻坚以八十万大军败北，从此前秦一蹶不振。

　　人们在非常急躁的时候就容易轻率地做出决定，很容易造成重大失误。党员干部不仅仅代表着个人，更多时候是代表党，代表人民来做事。如果党员干部因为急躁而做出错误的决策，到时损失的将不仅是个人的利益，更是国家的利益，人民的利益。

　　党员干部戒急，可以提升个人的修养。习近平提出的"三严三实"要求，其中首要的就是修身。戒急可以免去很多不必要的发脾气，心境平和了，个人的修养也就提升了。党员干部在为人民服务时，很多时候会遇到一些比较麻烦或琐碎的事情。如果因为脾气急躁而降低了服务质量，这将会降低国家公务人员在人民群众眼中的形象，为党和国家的干部们抹黑。因此，党员干部戒急，就可以以最平和的态度来应对工作中的琐事，将自己最亲和的一面展示给人民群众，这样才能真正地为人民服务，而人民对党员干部的满意程度也会因此大大增加。

────────── 国学名句集锦 ──────────

　　时未可而进，谓之躁，躁则事不审而上必疑；时可进而不进，谓之缓，缓则事不及而上必违。

——北宋·王安石《上蒋侍郎书》

　　党员干部戒急，可以更好地执行党的工作方针。党的工作方针一般都是长期性的，需要花费长时间的努力和奋斗才能达成。如果在执行党的工作方针时急切焦躁、急功近利，就无法保证能取得应有的成绩。这样一来，党的工作方针无法得到有效的执行，党员干部的自我受挫感也会比较严重。只有面临困难时不急躁，耐心思索解决困难的方法，才能以最平和的心态坚定不移地执行党的长期工作方针，这样才能取得最大的成效。

　　党员干部戒急，可有效避免非可持续发展决策。当前，很多地区的党员干部为发展本地区经济绞尽脑汁，当常规方法无法取得足够效果时，这些党员干部就变得心浮气躁，就可能会开始放宽禁令，允许引入某些破坏可持续发展的企业或污染性强的企业。虽然这样做在短时间内的确能取得较好的经济发展势头，然而我们也要看到，这样做也会导致本地区的环境受到严重污染，本地区的资源可持续发展也将受到极大的不利影响。

　　党员干部戒急，可避免自身走向腐化堕落之路。党员干部尤其是一些领导，手中一旦握有权力，便会飘飘然。心态失衡之后，很容易会被物欲支配，为名利所累，在身边人的教唆、影响下，最终走上腐化堕落的不归路。如果党员干部戒急，就可以降低对名利的急切渴求，从而也就避免了走向贪污腐败之路。

　　当今的社会风气比较浮躁，浮躁的社会让生活在其中的人们也变得急躁起来。在日常生活中，人们如果能做到戒急，生活会变得更加美满和幸福。而作为党员，在工作中和生活中都要做到戒急。党员干部戒急，可以提升自我修养，可以更好地执行党的工作方针，可以促使地区经济的发展安全平稳，可以避免自身走向腐化堕落的道路。急躁不可取，做人为官要戒急。

国学名句集锦

　　一忍可以支百勇，一静可以制百动。

——北宋·苏洵《心术》